人力资源管理及实务

傅 青 ◎ 著

吉林出版集团股份有限公司

图书在版编目（CIP）数据

人力资源管理及实务 / 傅青著. — 长春：吉林出版集团股份有限公司，2022.9
ISBN 978-7-5731-1963-6

Ⅰ．①人… Ⅱ．①傅… Ⅲ．①人力资源管理 Ⅳ．①F243

中国版本图书馆CIP数据核字（2022）第157910号

人力资源管理及实务

著　　者	傅　青
责任编辑	陈瑞瑞
封面设计	林　吉
开　　本	787mm×1092mm　1/16
字　　数	220 千
印　　张	10
版　　次	2022 年 9 月第 1 版
印　　次	2022 年 9 月第 1 次印刷
出版发行	吉林出版集团股份有限公司
电　　话	总编办：010-63109269
	发行部：010-63109269
印　　刷	北京宝莲鸿图科技有限公司

ISBN 978-7-5731-1963-6　　　　　　　　　　定价：68.00 元

版权所有　侵权必究

前 言

人力资源是知识经济时代的"第一资源",人力资源管理是决定企业成败的一个关键因素。随着我国中小型企业的蓬勃发展,人力资源管理成为职场上热门的职业之一。对于企业的管理者来说,对人力资源管理的理论进行系统学习,提升人力资源管理的技能,成为当下的迫切需要。在社会经济发展和社会企业需求的联合推动下,我国高等职业教育的人力资源管理专业应该以培养高素质的技能型人才为目标,构建学生的职业能力培养体系。

本书从高职教育目标出发,探索实训教学方式的改革。从课堂教学上,强化实训环节,搭建实践教学的平台,使学生参与课堂实际操作,培养职业技能。本书主要内容包括人力资源管理概述、工作分析、人力资源规划、识人技术、员工招聘、员工培训、职业生涯设计、人员使用、人员激励及绩效考评等内容。

本书贴近时代、贴近前沿研究、贴近行业、贴近学生,是一本创造性编选的好学、好用、好教、好玩的高职高专人力资源管理新教材。本书使学生在具有必备的基础理论和专业知识的基础上,重点掌握从事本专业领域实际工作的基本能力和技能,提高学生的就业竞争力。

在本书的编写过程中,参阅了目前已经出版的国内外部分优秀教材、专著和相关资料,引用了其中一些相关的内容和研究成果,书中引用的部分内容已做标注,列入了参考文献中,编者未能与作者取得联系,冒昧地将资料收录,敬请谅解,同时向这些作者、译者表示衷心的感谢。

由于时间和编者水平的限制,疏漏乃至错误在所难免,恳请使用本教材的师生及其他读者批评指正,以便我们不断修改和完善。

目 录

第一章　人力资源管理概述 ··· 1
　　第一节　人力资源与人力资源管理 ··· 1
　　第二节　人力资源管理理论的产生与发展 ··································· 9
　　第三节　中国人力资源开发与管理的现状与展望 ························· 12

第二章　工作分析 ·· 20
　　第一节　工作分析概述 ·· 20
　　第二节　工作分析的方法与程序 ··· 24
　　第三节　工作说明书 ··· 32
　　第四节　岗位评价 ·· 34

第三章　人力资源规划 ·· 38
　　第一节　人力资源规划的概述 ·· 38
　　第二节　人力资源需求、供给预测与平衡 ································· 43
　　第三节　人力资源规划的程序与编制 ······································· 53

第四章　识人技术 ·· 57
　　第一节　人性探索 ·· 57
　　第二节　定性识人技术 ·· 60
　　第三节　定量识人技术 ·· 62

第五章　员工招聘 ·· 73
　　第一节　员工招聘概述 ·· 73
　　第二节　员工招聘的途径 ··· 79
　　第三节　员工招聘的程序与甄选方法 ······································· 83

第六章　员工培训 ·· 90
　　第一节　员工培训概述 ·· 90
　　第二节　员工培训需求分析 ·· 95

第三节　员工培训计划与实施 ·· 99
　　第四节　员工培训的效果评估 ··· 104
第七章　职业生涯设计 ·· 109
　　第一节　职业生涯管理概述 ·· 109
　　第二节　职业生涯的选择 ··· 112
　　第三节　员工职业生涯的发展与设计 ·· 118
第八章　人员使用 ·· 127
　　第一节　合理使用人员 ·· 127
　　第二节　用人模型 ·· 131
　　第三节　用人艺术 ·· 136
参考文献 ·· 150

第一章 人力资源管理概述

第一节 人力资源与人力资源管理

一、人力资源的含义与特点

（一）人力资源的概念

人力资源是与自然资源或物质资源相对应的概念，有广义人力资源和狭义人力资源之分。广义的人力资源是指以人的生命为载体的社会资源，凡是智力正常的人都是人力资源。狭义的人力资源则是智力和体力劳动能力的总称，也可以理解为是为社会创造物质文化财富的人。人力资源指一个国家或地区具有或将具有为社会创造物质财富和文化财富的、从事体力劳动和智力劳动的人们的总称，包括数量和质量两个指标。

与人力资源相关的概念还有人口资源、劳动力资源和人才资源，准确地把握这些概念和它们之间的相互关系，有助于我们准确地理解人力资源的实质、内涵及其重要性。

人口资源是指一个国家或地区的人口总体，具体的、个体的人是其基本形态，它主要表明的是数量概念，是最基本的概念。劳动力资源是指一个同家或地区有劳动能力并在劳动年龄范围内的人口的总和，侧重于劳动者数量。这个概念既强调劳动者应具有一定的劳动能力，又强调在规定的劳动年龄内，通常是指 16~60 岁之间的劳动者。人才资源指一个国家或地区具有较强的管理能力、研究能力、创造能力和专门技术能力的人们的总称，它是指杰出的、优秀的人力资源，着重强调人力资源的质量。它们之间的关系如图 1-1 所示。

图 1-1 人口资源、人力资源、劳动力资源及人才资源四者数量关系

人力资源按就业情况分为在业人员、失业人员、就学人员、服兵役人员、家庭闲居人员和其他人员。按劳动年龄划分，包括未达到劳动年龄的16岁以下的青少年、处于劳动年龄的青壮年和超过劳动年龄的老年人。按人力资源的实现程度又分为潜在人力资源，即就学人员和服兵役人员；现实人力资源，即未达到劳动年龄、处于劳动年龄和超过劳动年龄的在业人员，这是人力资源的主体部分；闲置人力资源是指失业人员和未到社会求职的家庭闲居人员。人力资源中处于劳动年龄的那一部分人口构成劳动力资源。劳动力资源、未达劳动年龄的青少年及超过劳动年龄的老年人口构成了人力资源（不包括其中丧失劳动能力的人口）。人力资源是现实人力资源和潜在人力资源的统一。人力资源的构成，如图1-2所示。

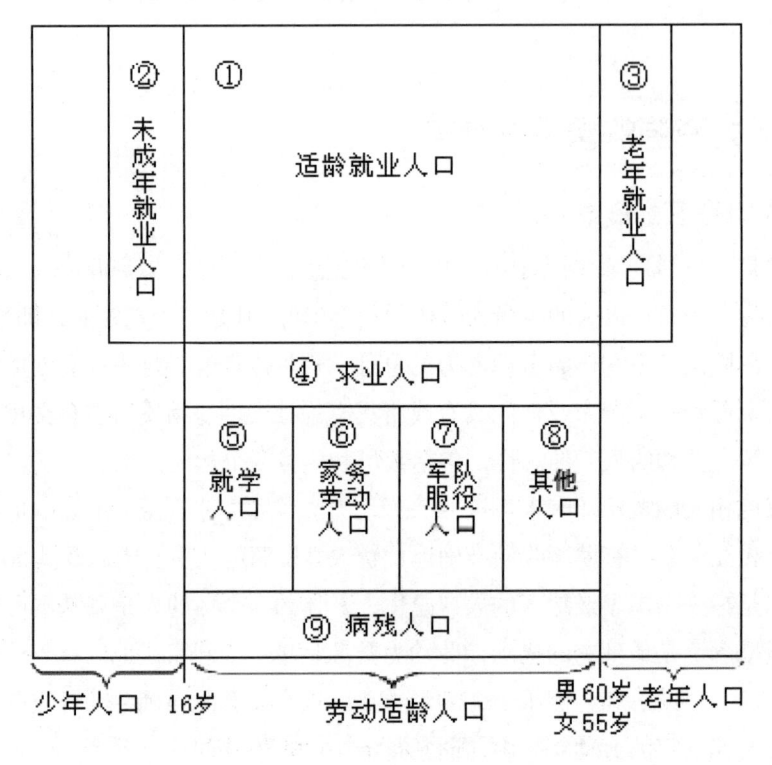

图 1-2 人力资源数量构成图

（二）人力资源的特点

任何组织的管理活动必须具备人力资源、财力资源、物力资源、技术资源和信息资源五种基本资源，其中人力资源是最活跃、最具有能动性的核心因素，其他资源的作用都必须通过人这个因素才能得到充分发挥。人力资源的特点：

1. 人力资源的社会性与生物性。人首先是一种生物，因此人力资源具有生物性。同时，人总是处于一定的社会中，与之相应的人力资源也是处于一定的社会环境中。人力资源的形成、配置、利用、开发是通过社会分工来完成，是以社会的存在为前提条件的。而且，人口、人力资源和劳动力既是人类社会活动的结果，又是人类社会存在和活动的前提。因此，人力资源本质上是一种社会资源。

2. 人力资源的能动性。人有意识，具有主观能动性，人对自身和对外界具有清晰看法、对自身行动做出抉择、调节自身与外部关系的社会意识。敬业、爱业，积极工作，创造性地劳动，这是人力资源能动性的主要方面，也是人力资源发挥潜能的决定性因素。人类不仅能适应环境，还能积极地改造环境。人力资源的能动性表现在知识和技术的创新、功利化的投向和自我强化。人类的自我调控功能使其在从事经济活动时，总能处在发起、操纵、控制其他资源的位置上，能根据外部环境的可能性、自身条件和愿望，有目的地确定经济活动的方向，具体地选择、运用外部资源或主动适应外部资源。

但是如果管理者对人力资源使用不当，人力资源也具有破坏性。

3. 人力资源的时限性。作为个体的人具有生命周期，其中具有劳动能力的时间又是生命周期中的一部分。因此，人力资源的形成、开发、使用都受到时间方面的制约和限制。人力资源的时限性主要表现为以下方面：（1）人的生命过程的不同阶段，有不同的生理和心理特点，对于人力资源的形成、作用的发挥也各有不同的最佳时期。（2）作为人力资源主要内涵的知识和技术是人们实践经验的产物，具有一定的时限性。在一定的时间里，这些知识和技术能够发挥它的最佳效用；如果闲置不用，超过一定时限，这些知识和技术就可能因陈旧、老化、过时而变得无用。尤其在科学技术和信息发达的现代社会，知识和技术的更新换代速度加快，最佳应用期一再缩短，人力资源的时限性更应得到重视。但从人类延续过程的角度观察，上一代人把知识、技术、技能、经验传给下一代，代代相传，构成永无止境的知识长河。

4. 人力资源的资本性。人力资源是资本性资源，可以投资并得到回报。但与物质资本的被动性不同，人力资本具有能动性。人力资本是一种活的资本，是劳动者能力和价值的资本化，有自己的意识、需要、权利和感情，可以能动地进行自我投资、自主择业和主动创业。人力资本可以自我增值、自我利用。

5. 人力资源的再生性。任何一种自然资源一旦灭绝或耗尽，就不可能再生，但人力资源却可以再生。人力资源的再生包括人口的再生产和劳动力的再生产。通过人口总体和劳动力总体内个体的不断更换、更新和恢复的过程，实现人口的再生产和劳动力的再生产。当然，人力资源的再生性不同于一般生物资源的再生性，它除了遵守一般生物学规律之外，还受人类意识的支配和人类活动的影响。

二、人力资源管理的含义与学科特点

（一）人力资源管理的含义

作为最主要的资源，人力资源必须进行科学而有效的开发和管理，才可能最大限度地造福社会、造福人类。我们可以从两个方面理解人力资源的管理。

1. 对人力资源外在要素——量的管理

凡社会化大生产都要求人力与物力按比例合理配置，在生产过程中人力和物力在价值量上的比例是客观存在的。对人力资源进行量的管理，就是根据人力和物力及其变化，对人力进行恰当的培训、组织和协调，使两者经常保持最佳比例和有机的结合，使人和物都充分发挥最佳效应。

2. 对人力资源内在要素——质的管理

质的管理指对人的心理和行为的管理。就人的个体而言，主观能动性是积极性和创造性的基础，而人的思想、心理活动和行为都是人的主观能动性的表现。

就人的群体而言，每一个个体的主观能动性，并不一定能形成群体功能的最佳效应，因为有一个内耗的问题。只有群体在思想观念上一致，在感情上融洽，在行动上协作，才能使群体的功能等于或大于每一个个体功能的总和，实现管理的放大功效"1+1 ≥ 2"。

对人力资源质的管理，就是指采用科学的方法，对人的思想、心理和行为进行有效的管理（包括对个体和群体的思想、心理、行为的协调、控制与管理），充分发挥人的主观能动性，以达到组织目标。

总之，人力资源的管理，指运用现代化的科学方法，对与一定物力相结合的人力进行合理的培训、组织与调配，使人力、物力经常保持最佳比例，同时对人的思想、心理和行为进行恰当的诱导、控制和协调，充分发挥人的主观能动性，使人尽其才、事得其人、人事相宜，以实现组织目标。

（二）人力资源开发与管理研究的内容

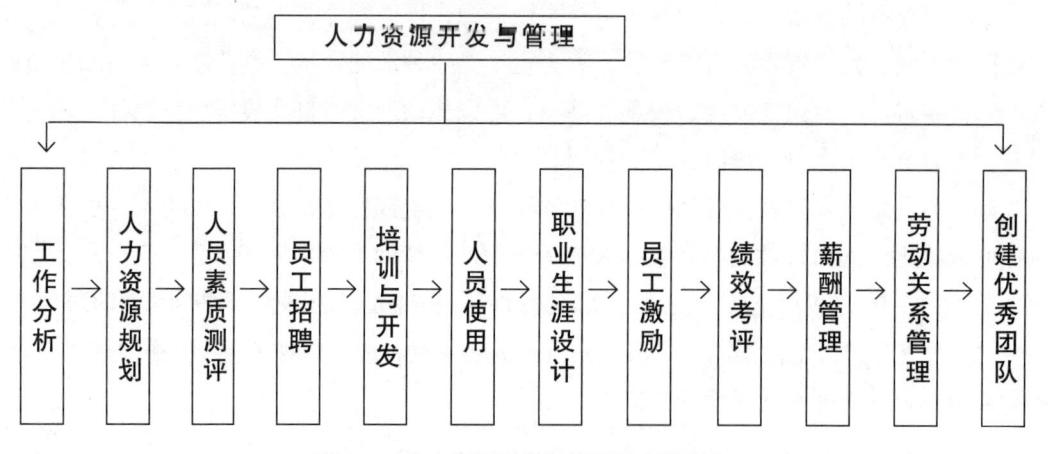

图 1-3 人力资源开发与管理研究的内容

人力资源开发与管理 → 工作分析 → 人力资源规划 → 人员素质测评 → 员工招聘 → 培训与开发 → 人员使用 → 职业生涯设计 → 员工激励 → 绩效考评 → 薪酬管理 → 劳动关系管理 → 创建优秀团队

（三）人力资源管理的学科特点

人力资源管理成为一门科学，是最近二三十年的事情，它是社会化大生产、现代技术高度发达、市场竞争全球化和白热化的产物，其主要理论诞生于美国等发达国家。我们应该从中国的实际情况出发，借鉴发达国家人力资源开发与管理的研究成果，解决中国人力资源开发与管理中的实际问题。

人力资源管理作为一门学科，具有以下特点：

1. 综合性：人力资源管理是一门相当复杂的综合性科学，需要综合考虑种种因素，如经济因素、政治因素、文化因素、组织因素、心理因素、生理因素、民族因素、地缘因素等等。它涉及经济学、社会学、人类学、心理学、人才学、管理学等多种学科，是一门综合科学。

2. 实践性：人力资源管理的理论，来源于实际生活中对人力资源管理的经验，是对这些经验的概括和总结，并反过来指导实践，接受实践的检验。

3. 发展性：人们对客观规律的认识总要受一系列主客观条件的制约，不可能一次完成，总是需要一个漫长的认识过程。因此，各个学科都不是封闭的、停滞的体系，而是开放的、发展的认识体系。作为一门新兴学科，人力资源开发与管理更是如此。

4. 民族性：人不是静止的物体，人的行为深受时间、空间和其思想观念、环境和感情的影响，而人的思想感情无不受到民族文化传统的制约。因此，人力资源的开发和管理带有鲜明的民族特色。不顾民族特点对他国的经验盲目搬用，在人力资源开发与管理领域最为有害。

以美国和日本为例，它们皆为资本主义制度，都搞市场经济，但两国在人力资源开发与管理上差别甚大。美国是个人主义的资本主义，人力资源的特点是"契约人"，"按契约办事"是美国人的通行原则。相应地，在人力资源开发与管理上，实行的是自由雇佣制。这是一种个人之间高度竞争的"压力型"劳动制度。日本则不同，它是家族主义的资本主义，儒家文化重群体、尊长辈、讲内和的传统，使其人力资源的特点是"家族人"，"忠于企业大家庭"是日本人的行为准则；相应地，在人力资源开发与管理上，实行的是终身雇佣制，这是一种个人之间密切合作的"吸力型"劳动制度。美、日在人力资源开发与管理上的差异，就其主导的方面而言，是东西方文化差异的集中表现，谁都无法加以改变。

5. 社会性：作为宏观文化环境的一部分，社会制度是民族文化之外的另一重要因素。现代经济是社会化程度非常高的经济，在影响劳动者工作积极性和工作效率的诸因素中，生产关系（分配制度、领导方式、劳动关系、所有制关系等）和意识形态是两个重要因素，而它们都与社会制度密切相关。我们在借鉴和研究不同国家的人力资源开发与管理的经验时，千万不要忘记这一点。

例如，中国与日本同为东方民族，都具有以儒家文化为主的民族文化传统，在人力资源开发与管理上，都在一定程度上把"家庭"观念转移到企业中，形成团结、互助、内和外争的格局。但由于两者的社会制度不同，在企业这个大家庭中，管理者与被管理者之间，在中国是"同志关系"，在日本则是"父子关系"。

三、人力资源开发与管理的任务

在一切资源中，人力资源最宝贵，因此它成了现代管理的核心。不断提高人力资源开发与管理水平,不仅是当前发展经济、提高竞争力的需要,也是一个国家、一个民族、一个地区、一个单位长期兴旺发达的重要保证。具体来讲,人力资源开发与管理的目标和任务如下:

(一)取得人力资源最大的使用价值

根据价值工程理论:

V(价值)=F(功能)÷C(成本)

价值等于功能成本之比,若要使V增加,有四种办法:(1)功能提高,成本不变;(2)成本降低,功能不变;(3)成本提高,功能提得更高;(4)提高功能,降低成本。

其中第四种办法最理想,被称作大、高、低目标管理原则,即大价值、高效能、低成本。这个大、高、低原则,符合用尽量少的价值创造出尽量多的价值原则,就是在尽量少的劳动时间里创造出尽量丰富的物质财富。在人力资源方面,就是通过合理的开发和管理,实现人力资源的精干和高效。我国劳动人事制度的改革,其根本目标就在于此。具体内容如下:

人的使用价值达到最大=最大限度地发挥人的有效技能

人的有效技能=人的劳动技能×适用率×发挥率×有效率

其中:

适用率=适用技能÷拥有技能(是否用其所长)

发挥率=耗用技能÷适有技能(干劲如何)

有效率=有效技能÷耗用技能(效果怎样)

人力资源管理就是通过努力提高适用率、发挥率和有效率,达到人尽其能、才尽其用,最终实现组织利润最大化的目标。

(二)发挥人力资源最大的主观能动性

美国学者通过调查发现:按时计酬的员工每天只需发挥自己20%~30%的能力,就足以保住个人的饭碗。但若充分调动其积极性、创造性,其潜力可发挥出80%~90%。两相对比,差距悬殊,可见发挥人的主观能动性是人力资源开发与管理的十分重要的目标和任务。

影响人的主观能动性发挥的主要因素有三个方面:

1. 价值标准和基本信念——基本因素

人的主观能动性的大小,主要受动机驱动。对人的行为动机产生深刻影响的是人的价值标准和基本信念。"为国捐躯最光荣"的价值标准和"有我无敌""人在阵地在"的坚强信念,是产生以一当十、视死如归的战斗英雄和一系列可歌可泣的英雄事迹的真正动力。反过来,"保命最重要"的价值标准和"趋利避害乃人之本能"的基本信念,则是产生逃兵、胆小鬼和战场上一系列怯懦行为的温床。市场如战场,经济活动与军事活动有许多相通之处,价值标准和基本信念对人的主观能动性的制约作用即是其一。

具体而言有三个层次:

(1)社会价值观;(2)群体价值观;(3)个人价值观。

2. 现实的激励因素——实际因素

现实的激励因素之优劣，决定了对员工工作动机激发的强弱，只有强有力的激励，才会出现员工主观能动性的高涨。一般而言，现实的激励因素主要包括八方面内容：

（1）任用情况；（2）信任程度；（3）晋升制度；（4）工资制度；（5）奖励制度；（6）处罚制度；（7）参与程度；（8）福利状况。

3. 偶发因素

偶发因素指在组织中发生的一些偶然事件，会影响组织成员主观能动性的发挥，如称赞、表扬、友好的表示、善意的交往、尊重的举动，这些积极的偶发事件，会增加组织成员的满意感、归属感、成就感、责任感，激发出更大的主观能动性。反之，讽刺、挖苦、批评、贬损、冷落、不公正地对待、不友好的举动、恶意的中伤等消极的偶发事件，则会减弱或破坏组织成员的满意感、归属感、成就感和责任感，甚至产生不满和敌意，其主观能动作用也就无从谈起了。

（三）拓展组织人力资本，培养全面发展的人

人类社会的发展，无论是经济的、政治的、军事的、文化的发展，最终的目的都要落实到人——一切为了人本身的发展，是为了不断地提高人的工作、生活质量，使人变得更富裕、更文明、更有教养、更趋完美。

随着市场经济的发展，国家、民族间的竞争、企业间的竞争，透过产品的质量、价格和服务竞争的层层迷雾，我们看到的是不同国家、不同民族、不同企业之间人力资源的竞争。因此，无论是国家领导人还是企业家，均把培养高素质的人当作首要任务。

"造物之前先造人"，这是日本松下公司的座右铭。松下幸之助指出："松下电器公司与其他公司最不同的地方，就是在员工的培育与训练上。"美国学者布雷德和科恩在《追求卓越的管理》一书中，把传统的领导模式概括为"师傅型领导"（人治）和"指挥型领导"（法治），这两种模式的共同点是由领导者控制一切、指挥一切，也统称为"英雄型领导"。这种领导模式不利于下级素质的提高，不利于人才的培养。他们认为现代的领导模式应该是"育才型领导"，它具有以下特点：

1. 组织的目标有两个：第一，完成工作任务；第二，使部属不断进步，提高素质。

2. 实行"育才型领导"应具备三个要素：第一，建立起共同负责的团队；第二，持续培养每个人的才干（技术才干、合作精神、管理能力等）；第三，确立共同的目标。

人的素质得到全面发展则意味着人力资本的增值与拓展，这是人力资源开发与管理的重要目标之一。

四、现代人力资源管理与传统劳动人事管理的区别

从上述现代人力资源管理特征的分析中可以看到，它与传统劳动人事管理不同，我们对二者做一概括性比较。

1. 管理理念。传统劳动人事管理视人为被支配的活动的劳动工具，是企业的成本负担，其管理以降低成本支出为宗旨。现代人力资源管理视人为经济资源，是能动的第一资源；视现代企业的人力资源为一种宝贵的资本资源。因此，以人为本成为现代人力资源管理的指导思想和理念。

2. 管理重心。传统劳动人事管理视事为重心，人被降格为"执行指令的机器"，管理活动局限于给人找位置，为事而配人。现代人力资源管理以人为核心，视人为资本性资源，其管理着眼于对人力资源的开发利用，开发人力资源成为现代人力资源管理的重心。

3. 管理地位。在以往的传统企业管理中，劳动人事管理不被重视，是企业管理工作的次要部分。劳动人事管理者处于执行层，只为领导者提供某些建议，不参与决策。在迎接知识经济来临之际，人力资源对企业发展的决定性作用突出显现，人力资源管理上升到企业战略管理的高度，具体表现在以下两个方面：（1）人力资源管理部门由执行层进入决策层，由单一的职能部门转变为战略决策与职能相结合的部门；（2）人力资源管理成为企业战略计划不可分割的有机构成部分。用国际商业机器公司IBM董事会主席和执行总裁艾科斯的话说："在IBM，人力资源管理由于两个原因成为公司战略计划不可分割的组成部分。首先，员工是我们事业不断取得成功的关键所在，因此在公司的经营决策中体现这一信念和原则至关重要；其次，人力资源方面的事务被看成是公司经营活动的主要组成部分，我们处理这些事务的成效将给公司带来广泛而深远的影响。"

4. 管理内容。传统劳动人事管理内容相对简单，主要功能是招聘、选用、为事择人，人事相宜之后，就是动态调配、薪资福利、安全保健等一系列管理和督导。当人被作为有效资源、人力资源开发成为管理重心及人力资源管理战略地位被确认之时，人力资源管理内容就丰富化、扩大化，除担当传统的职责之外，还要担起工作分析、工作设计、规划工作流程、预测人力资源需求与供给、制订人力资源规划、协调工作关系、人力资本投资、职业生涯设计、创建优秀团队等多项管理任务。

5. 管理模式。传统劳动人事管理模式有两个突出特点：第一，管理者与被管理者身份界限分明，员工被动地接受管理，无责任主动地参与管理；第二，为低层次的事务型管理。现代人力资源管理模式呈现的特点：第一，员工积极参与企业管理，管理者与被管理者双向沟通，互通信息，互动机会较多，互动途径更开放；第二，现代人力资源管理是高层次的战略型管理模式，它不是局限或沉酣于琐碎、具体的繁杂管理事务中。其首要的聚集点是整个企业人力资源开发管理战略，立足于企业战略高度，在分析企业内外环境的基础上，适应企业发展之需要，全面、系统地规划企业人力资源的需求、配置、使用和开发。在关乎全局与未来的战略指导下，脚踏实地地开展人力资源开发与管理工作，以保证企业战略目标的实现。

6. 管理手段。传统劳动人事管理手段是简单化、感性化、低级的刚性管理，其本质是硬控制，以规章制度、惩罚等手段管、卡、压，强制性色彩颇浓，以外在压力强迫员工遵守与服从，具有不可抗拒性。这种刚性管理建立在不尊重人性、个性，不顺应人的心理行为规律的基础之上。在进入人力资本为依托的现代经济增长时期,在把以人为本作为现代企业管理指导思想与理念的今天,在美国把"开发人的心理资源"列为21世纪的前沿课题加以研究之际,柔性管理作为管理科学的一个新领域,引起人们的高度重视,它是20世纪90年代以来的一个全新的管理概念。所谓柔性管理,是在研究人们心理和行为规律的基础上,采用非强制方式,在人们心目中产生一种内在的说服力,从而把组织意志变为人们自觉的行动。值得注意的是,现代企业对员工实施柔性管理,并非根本否定刚性管理的存在。在人力资源管理中,刚性管理并非一无是处,而是初始的、第一必需的。在实施柔性管理的同时,辅以刚性管理完全必要,二者相辅相成、全面协调,推进企业人力资源管理至一个新水平。

第二节 人力资源管理理论的产生与发展

纵观企业管理的全部历史,大致经历了经验管理、科学管理、文化管理三个阶段,总的趋势是管理的柔性化。能否清醒地认识到这一点,对于能否自觉地提高我国社会主义企业的管理现代化程度是至关重要的。

一、从经验管理到科学管理是企业管理的第一次飞跃

1911年泰罗的《科学管理原理》问世,标志着企业管理由漫长的经验管理阶段迈进了划时代的科学管理新阶段。调查研究的科学方法代替了个人经验;"时间和动作研究"提供了精确的计算定额的方法;生产工具、操作工艺、作业环境、原材料的标准化,为生产效率的提高开辟了广阔的前景;"工作挑选工人"的原则和系统的培训,为各个生产岗位提供了一流的工人;"计划(管理)与执行相分离"的原则,大大加强了企业的管理职能,使依法治厂成为可能。总之,泰罗的科学管理理论使企业管理由经验上升为科学,很快在欧美推广开来。以美国福特汽车厂的流水线生产为标志,科学管理极大地推动了生产效率的提高。

表1-1 经验管理、科学管理和文化管理

模式特征	经验管理	科学管理	文化管理
年代	1769—1910年	1911—1980年	1981年以来
特点	人治	法治	文治
组织	直线式	职能式	学习型组织
控制	外部控制	外部控制	自我控制
领导	师傅型	指挥型	育人型
管理中心	物	物	人
人性假设	经济人	经济人	自动人、观念人
激励方式	外激为主	外激为主	内激为主
管理重点	行为	行为	思想
管理性质	非理性	线理性	非理性与理性相结合

二、从科学管理到文化管理是企业管理的第二次飞跃

科学管理使企业管理走上了规范化、制度化和科学化的轨道，极大地推动了生产效率的提高。同时，在实践中也暴露出其本质的弱点——对员工的忽视。与生产高效化伴生的是人的工具化，以及工人对工作的厌烦、劳资矛盾的激化。

发端于 20 世纪 30 年代，流传在六七十年代的行为科学，力图纠正和补充科学管理的不足，80 年代兴起的企业文化理论，是这种努力的最新成果，它完整地提出了与科学管理不同的管理思想和管理框架。这种以企业文化建设为龙头的企业管理模式已经成为世界管理的大趋势。其原因有以下五点：

（一）温饱问题的解决与"经济人假设"的困境

在泰罗所处的时代，即 19 世纪末 20 世纪初，生产力低下，工人远远没有解决温饱问题，也许"经济人假设"在当时不无道理。但即使在当时，有觉悟的工人也绝不是纯粹的"经济人"，轰轰烈烈的工会运动就是明证。随着生产力的迅速提高，发达国家的工人逐步解决了温饱问题，"经济人假设"陷入困境，工人的劳动士气低落重新困扰着企业主。20 世纪 30 年代，美国管理学家梅奥在霍桑试验的基础上提出了"人群关系论"，正式指出：工人不是"经济人"，而是"社会人"。他们除了经济需要之外，还有社会需要、精神需要。影响员工士气的主要原因不是物质条件，而是社会条件，特别是员工上下左右的人际关系。在此基础上发展起来的行为科学，进一步把人的需要划分为五个层次——生存、安全、社交、自尊、自我实现。对于解决了温饱问题的员工，满足其生存需要和安全需要的物质激励杠杆，已越来越乏力，而设法满足员工的社交、自尊、自我实现等高层次的精神需要成为激励员工、赢得优势的关键手段。文化管理强调尊重人、培养人、满足人的精神需要，以人为中心进行管理，完全适应员工队伍需要层次的提高。

（二）脑力劳动比重的增加与"外部控制"方式的局限

随着生产自动化程度的提高，白领员工比例越来越高，蓝领员工比例越来越低，即使是蓝领工人也逐渐摆脱了笨重的体力劳动。现代化钢铁企业的钢铁工人，已不再是挥汗如雨、高温作业的昔日形象，而是坐在计算机前穿白大褂操作按键的崭新面貌。脑力劳动在劳动构成中的含量越来越高，这已经是不可逆转的历史潮流。在无形的脑力劳动面前，泰罗的时间和动作研究已无用武之地。如果说泰罗的从严治厂、加强监督的外部控制方法，对有形的体力劳动曾经卓有成效的话，那么对待复杂的、无形的脑力劳动，则必须转移到进行"自我控制"的轨道上来。这就是要注重满足员工自我实现需要的内在激励，注意更充分地尊重员工，鼓励员工的敬业精神和创新精神，并且在价值观上取得共识。而培育共同价值观正是企业文化建设的核心内容。可以说，文化管理是在以脑力劳动为主的信息时代唯一适用的管理模式。

（三）服务制胜时代的到来与"理性管理"传统的没落

作为生产力迅速发展的另一个结果，是产业结构调整的加速和第三产业的兴起。目前，欧美发达国家的员工中，50%以上在第三产业工作。第三产业的特点是一般没有物质产品，其主要产品是服务。服务质量的竞争是第三产业竞争的主要形式。即使在第二产业。工业产品的市场竞争，焦点也越来越转移到服务上来。因此，许多企业家和管理学家认为服务制胜的时代已经到来。

那么，优质服务从何而来？靠泰罗的重奖重罚和严格的外部监督只能治标不治本。西方管理学家认为，优质的服务应具备两个条件：第一，员工具有良好的服务意识和敬业精神；第二，员工在工作时心情愉快。这只能依靠在长期的生产经营活动中形成一种共同价值观，一种心理环境，一种良好的传统和风气，相互感染熏陶，才能形成一种良好的企业文化。

（四）战略管理的崛起与企业哲学的导航作用

随着市场竞争的白热化、通信手段的现代化，世界变小了，决策加快了，决策的复杂程度大大地提高了。这使得战略管理的地位空前地重要，而战略管理的基础，则是企业家对企业参与商场竞争的哲学思考。众所周知，企业哲学是企业文化的重要内容。

（五）分权管理的发展与企业文化的凝聚作用

对决策快速性、准确性的要求，导致决策权力下放，各种形式的分权管理应运而生。特别是近年来，跨国公司大量涌现，这种分权化的趋势更为明显。过去，泰罗时代以效率著称的直线职能制组织形式（金字塔组织），由于缺乏灵活性而逐渐失去了活力，代之而起的是联邦分权制（事业部制）、矩阵式组织，以及重心移至基层的镇尺型组织。随着权力金字塔的倒塌、柔性组织和分权管理的发展，企业的控制方式也发生了巨大的变化。

泰罗的科学管理是依靠金字塔的等级森严的组织和行政命令的方式，实施集中统一指挥和控制的，权力和责任大多集中在上层。现在，权力下放给各事业部或跨国公司的地方分（子）公司了，地理位置又往往相隔十万八千里，直接监督已不可能，行政命令已不适宜，那么，靠什么维持庞大的企业（或跨国公司）的统一呢？靠什么形成数万员工的整体感？靠什么把分散在世界各地的、不同民族、不同语言、不同文化背景的员工队伍凝聚起来呢？只能依靠共同的价值观、共同的企业目标、共同的企业制度、共同的企业传统、共同的仪式、共同的建筑式样等等，亦即共同的企业文化。

三、从物本管理到人本管理再到心本管理是管理学的第三次飞跃

吴甘霖老师通过总结当代著名管理学家和企业家、管理者的最新探索，将100多年的管理学发展分为"物本管理、人本管理、心本管理"三个阶段，并明确提出了"心本管

理——管理学的第三次革命"。他认为"物本管理在美国,人本管理在日本,心本管理在中国",同时也预言了中国管理学的新曙光,提出管理学的"根"——"争天下者必先争人,争人必先争心;治天下必先治己,治己必先治心",能让千千万万管理者达到"四两拨千斤"的管理效果。"心本管理"的核心理念是"假如你要用一个人的'手',你就必须用他整个的'人';假如你要用他整个的'人',你就必须影响他整个的'心'"。

他在其中国式管理核心智慧的著作《心本管理——管理学的第三次革命》中,旗帜鲜明地指出:当代管理学必须实现从"管理霸道"向"管理王道"的飞跃,为此,就应走出西方管理学只重视管理他人,而不重视管理自己的最大误区,明确指出"管理者心灵的自我修炼是管理的基础",这与中华文化所提倡的"诚意、正心、修身、治国、平天下"的管理理念一脉相承。微观人力资源开发与管理就是通过自我的不断修炼提高人力资源的人力资本。

四、人力资源开发与管理的兴起

与经验管理、科学管理、文化管理相对应的人力资源管理,大体上可以概括为雇佣管理、劳动人事管理和人力资源开发与管理。

在雇佣管理阶段,人们把员工与机器、工具一样,看成简单的生产手段和成本,实行以录用、安置、调动、退职和教育训练为中心的劳动力管理。

在劳动人事管理阶段,重点放在劳动效率的提高上。诸如如何挑选和招募第一流的工人;如何培训员工以提高生产效率;如何建立员工档案,更科学地调配和使用员工;如何正确地进行考核和给付薪酬;如何妥善处理劳资纠纷;如何维护劳动力以维持再生产,等等,这些成为管理的重要内容。

在人力资源开发与管理阶段,有几个明显的变化:

第一,员工不仅仅是生产的成本,还是投资的对象、开发的对象,是一种资源。

第二,正如著名经济学家舒尔茨所说的,人力资源是效益最高的投资领域。

第三,教育和培训是人力资源开发的主要手段,也成为人力资源部门的重要职能。

第四,人力资源开发与管理,不仅仅是人力资源管理部门的事,更是各部门经理的事。

第五,随着文化管理的兴起,人已经成为企业管理的中心,人力资源开发与管理的重要性日益增强,人力资源部已经与财务部一起,成为企业的战略支持部门。

第三节 中国人力资源开发与管理的现状与展望

每年国际机构都要公布各主要国家(46~48个)的竞争力排行榜,中国在榜上连续几年徘徊在33名左右。1995年在48个国家和地区中,中国竞争力名列第34位,2001年为第33位。1995年,中国按8项分指标的排名如下:国内经济实力第12位,国际化程度第27位,政府政策导向第21位,财政金融第44位,基础设施第45位,管理水平第47位,科学技术第26位,人员素质第40位。

值得注意的是,中国的人员素质仅为第40位,其中子项目排名如下:劳动力特征第46位,教育结构第45位,生活质量第45位,劳动力的心态第42位,这都说明中国的人力资源开发与管理是相当落后的。

更值得关注的是,中国的管理水平名列倒数第2名(第47位),其中子项目排名如下:生产率第38位,企业效益第45位,企业家精神和管理效率均为47位。这说明中国企业管理水平低下,特别是企业经营者素质不高,企业家精神十分缺乏,这也是中国人力资源开发与管理的瓶颈。

国际上衡量人力资源发达与否的标准:

1.人力资源发达国家的特征:(1)25~64岁在业人口受教育年限12年以上;(2)人文发展指数(健康水平、知识水平、生活水平等)0.930以上;(3)综合生产率4.5万美元以上;(4)每百万人口中工程师科学家占2800人以上,如美国、加拿大、日本、英国、挪威、德国、澳大利亚等。

2.人力资源中等发达国家的特征:(1)25~64岁在业人口受教育年限10~12年;(2)人文发展指数0.80以上;(3)综合生产率3万美元以上;(4)每百万人口中工程师科学家占1500人以上,如韩国、法国、意大利、新加坡、奥地利等。

3.人力资源欠发达国家的特征:(1)25~64岁在业人口受教育年限10年以下;(2)人文发展指数0.80以下;(3)综合生产率2.5万美元以下;(4)每百万人口中工程师科学家占1500人以下,如墨西哥、菲律宾、巴西、印度等。中国显然属于第三层次的人力资源欠发达国家之列,所以拥有13亿人口的中国在人力资源方面是相当富有但是又很贫瘠,即人力资源数量上是富有的,但质量、结构上却是贫瘠的。

一、中国企业人力资源开发与管理的现状

中国企业经过20多年改革开放的洗礼,正处于社会主义市场经济不断完善与发展的特殊历史阶段,在人力资源开发与管理上取得了巨大的成就,同时也存在着许多急需解决的问题。

(一)中国人力资源开发与管理取得的成就

1. 普遍地实行了用工制度、分配制度和干部制度的改革,逐渐破除铁饭碗、大锅饭、铁交椅等弊端,结束了人浮于事、低效率和缺乏活力的状态。

2. 普遍树立了平等竞争观念,开始推行"岗位靠竞争,收入靠贡献"和"效率优先,兼顾公平"的原则。

3. 开始试行年薪制,解决企业经营者激励不足问题,并逐步完善企业内的监督机制。

4. 逐步培育劳动力和人才市场，企业随之确立了人才和劳动力的市场观念，社会招聘和人才库、人才测评逐步引起中国企业的关注。

5. 逐步加强了尊重人才、尊重知识的观念，一部分企业开始制定特殊政策，有效地吸引、任用和留住一流技术人才和一流管理人才。

6. 开始改革传统的劳动人事管理，逐步树立人力资源开发和管理的新观念，采用一些新的技术、方法和新的人力资源管理制度。

（二）中国人力资源开发与管理中存在的问题

1. 总量过剩与结构性短缺并存。在企业中，普遍存在冗员，经常是5个人干3个人的活。但在一些关键岗位、重要岗位，又缺乏合适人选，结构性短缺严重。

2. 中国企业缺乏合格的经营者，更缺乏企业家。目前在岗的董事长、总经理，系统地受过工商企业管理知识培训者寥寥无几，而仅凭实践中摸索的"武工队"则比比皆是。

3. 中国企业缺乏拔尖的技术人才。这种人才指的是有能力开发出与跨国大公司相抗衡的新技术、新产品，是企业核心能力的持有者。其中包括高级管理专家，诸如财务总监、人事总监、市场总监、信息总监等。

4. 中国企业缺乏熟练的骨干技术工人。随着"父岗子替"等措施的出台，以及为降低成本而过多地使用廉价临时工担任技术工作，使骨干技术工人缺乏的问题更为严重。

5. 作为企业外部利益的相关者，合格的政府公务员也十分缺乏。一方面，在岗的公务员的业务水平、专业化程度不高，另一方面，其廉洁自律等素质偏低。

6. 作为中国企业人力资源开发与管理的难点之一，是员工缺乏劳动热情和工作积极性。其原因有三：一是在改革开放中，企业员工是经济上受益最小的阶层之一，下岗工人更成为改革成本的主要承担者；二是在实行劳动合同制后，新的主人翁机制尚未形成；三是国有企业的大锅饭尚未彻底打破，未能建立起充满活力的公平竞争机制，极大地限制了员工积极性的发挥。

7. 中国企业缺乏强有力的主要经营者激励约束机制，旧有的无私奉献机制大多失灵，而新的以年薪制、股权、期权为特征的物质激励约束机制至今也难以奏效。

二、未来中国人力资源开发与管理的展望

（一）经济全球化与全球人才化的开发

经济超越了国界，跨国公司如雨后春笋般出现，企业的经营范围扩展到全球，其雇员也跨民族、跨文化，散布在全世界，经济全球化的趋势呼唤全球化的管理人才和技术人才。

（二）信息化和知识化对人力资源开发与管理的影响

经济全球化和信息化的同时，世界进入了知识经济的时代，知识继劳动力、资金、自然资源之后成为第四大资源，也是最重要、最活跃的资源。学习新知识、创造更新的知识

的能力，成为各个国家和企业之间竞争的决定性因素。而知识是由人掌握、创造和运用的，因此，人力资源成为日益重要的战略资源。

人力资源的管理重点将由"手工工作者"转向"知识工作者"。彼得·德鲁克在《21世纪对管理的挑战》一书中指出："20世纪最重要的，也是最独特的对管理的贡献是制造业中手工工作者的生产力提高了50倍。21世纪对管理最重要的贡献同样地将是提高知识工作与知识工作者的生产力。"

管理知识工作者，提高其生产力应该注意六个方面：

第一，确定明确的目标和任务；第二，合理授权，满足知识工作者自我管理的需要；第三，"不断创新"应列入知识工作者的任务与责任；第四，要求知识工作者成为"自觉学习的人"；第五，知识工作者的生产力，需要的是质量，而不仅是数量；第六，知识工作者不是"成本"，而是一种宝贵的"资产"，他们所掌握的知识，是最具战略性的"资本"。

在知识经济社会，企业的资本结构发生了革命性的变化，已由传统的以机器资本、货币资本为主，转向以智力资本为企业增值活动的主要基础。智力资本主要包括三个方面的内容：第一，人力资本，这既包括一流的员工，也包括一流的团队；第二，结构资本，这是指企业所具有的一流的数据库（信息系统）、电脑网络和适宜的组织结构，从而具有完善高效的沟通协调机制；第三，顾客资本。现在的顾客比以前拥有更多的选择权利，而且其自身素质的提高使他们对商品或服务的质量有清晰的判断，因此，建立并发展一种忠诚的顾客关系就显得既关键又有难度，而与协作厂商之间保持良好的合作关系，则更适宜虚拟企业日渐增多的市场背景，也是重要的为企业创造价值的资本。由此我们可以看出，人力资本是智力资本的基础，因为一流的顾客资本和结构资本也需要依靠一流的员工和团队去设计建立和运作，这也是为什么许多企业提出了"员工第一"的宗旨的基本原因。因此，我们必须对企业的员工更加关注，不仅关注他们的变化，还要真正发现他们的需要，从而有的放矢，改善激励和管理工作。

（三）企业似学校——开发重于管理

随着竞争环境的不断变化，员工受教育的程度在不断提高，劳动分工和众多自动化、信息化设备的使用，不仅使蓝领工人比例不断下降、白领员工比例上升，还出现了新的金领、灰领阶层（直接运用自己的知识、能力和经验为顾客提供服务的劳动者，如律师、会计师、管理咨询师等）。员工的人格成熟度不断提高，使人力资源开发与管理中最基础的人性假设逐渐倾向自我实现人这一端。今天的员工愿意承担责任，迎接挑战，而且他们有能力完成工作。工作的目标也由单一的物质利益驱动向精神满足发展，或者说，逐步上升到马斯洛的需要金字塔的高层。

相应地，人力资源管理思想，也要来场革命。员工不仅是"成本"，更是"资源"，在人力上投资比在物质上投资收益更高、意义更大。人的潜力巨大，人才是招来的、挖来的，更应该是培养出来的。开发人力资源，第一是靠学校教育，第二靠企事业单位培养。在知识经济下的企业，更像是一所学校，它的首要任务是培养人才，一流的企业应具有一流的"造血"功能，能够将各类员工培养成各类人才。

知识经济下的人力资源开发与管理，首先需要每一位员工都成为自觉学习的"学习人"。因为无论是顾客需要的进一步细化，还是产品（技术）生命周期的缩短，市场竞争环境不断发生变化，无论其速度还是程度，都是传统工业社会所无法比拟的。学习知识，将知识转化为现实的生产力，不断创造新知识，成为人们最重要的活动。开发人的潜能，也成为管理的核心问题。只有领导者、管理者、生产者都保持学习的意识和能力，才有可能适应这千变万化的世界，才有可能为企业创造更多的价值。成为学习人，不仅需要员工自身的努力，还需要企业管理者提供学习机会，创造学习氛围，实行开发重于管理的领导方式。

（四）权力型组织结构的扁平化——官僚组织让位于团队组织

在传统的组织中，对人的管理主要依靠权力和责任的分配。"权力的金字塔"是对传统组织的形象描述，组织中的每个人都在权力的架构中生活和工作，他们与上级很难进行平等的沟通，群众的智慧和创造力受到了极大的限制和损害。在未来的知识经济中，权力的作用越来越小，平等沟通的重要性日益增大。在学习型组织团队中，组织的形状更像扁平型的网络，团队成员是完全平等的，这种平等的氛围促进了开放和高效的思想交流，思想碰撞激发出智慧的火花，于是新的知识诞生了。在这种组织中，员工关心的不是权力大小，而是知识多少；迷恋的不是地位高低，而是创造力的强弱。

彼得·德鲁克说得好："现在任何单位已不能再靠权力，而要靠信任。信任并不是要人们相互喜欢，而是要人们互相了解。因此，要把人际关系看作绝对必要，这是一种责任。"建立良好的人际关系是建设团队组织的前提和基础。这就要求人力资源管理以"尊重人"和"良好沟通"为基础。每个人都有自己的人格、个性和行事方式。要使团队能够和谐运作，就要使同事之间互相真诚沟通，互相了解对方的长处、办事方式和价值观念。在互联网普及之后，人际沟通面临更为复杂的局面，如何在错综复杂的信息沟通中，不断改善同事关系，形成价值观和工作方式的共识，是一个新的管理课题。

（五）育才型领导——管理者角色的转变

在知识经济社会中，企业管理者自己也面临着深刻的角色转换。面对无论是知识能力还是人格成熟度都日渐提高的员工，其管理手段、管理风格和管理重点都要发生相应的改变，否则就无法顺利实现组织的目标。

企业管理者首先要成为育才型领导，培养下属成为领导者的第一职责。美国学者戴维·布雷福德和艾伦·科恩在《追求卓越的管理》一书中指出，领导者可以分为三类：师父型领导，那是经验管理的产物；指挥型领导，那是科学管理的成果；育才型领导，那是面向未来的文化管理模式的要求。这意味着管理者主要通过授权、指导等管理手段给予员工充分的成长空间，使其通过学习提高工作绩效，也就提高了企业的整体绩效。管理者的工作重点不再是盯住员工行为，通过纠偏来实施外部控制，而是逐渐转向对员工观念意识的关注和影响，从而间接地影响员工的行为。管理者不仅自己带头成为学习人，还要通过创造重视学习的企业核心价值观，潜移默化地影响员工，从而产生有利于企业目标实现的行为。如果这时的管理者依然固守传统的管理方式，过于强调某种具体行为的规范。例如，用打卡来考勤，将很难得到知识经济中众多的知识工作者的支持，也很难保证工作高质量地完成。诸如HP、IBM、摩托罗拉、微软、GE、松下、本田、三星等著名的跨国公司，毫无例外地都实行尊重人、关心人、培养人的文化管理；把每个员工都培养成为人才是它们共同的管理理念；在人力上的投资越来越大，是它们共同的投资趋向；培养适合人才成长的价值观念和文化氛围是领导者的首要任务。这些企业代表了知识经济下企业管理的基本特征。从企业内部沟通系统的设置来看，管理者与员工之间的沟通更多地通过电脑网络进行，再辅以面对面的沟通。如果我们联系上面所讲的管理重点转移再进一步分类，恐怕具体的工作指令通过电脑网络进行就可以了。而面对面的沟通则更多是感情与观念的交流，因此，虽然从时间上看，面对面沟通所占的份额减少了，但其重要意义却提高了。这种变化无疑对管理者的沟通能力提出了新的要求：如何利用有限的面对面沟通机会，既能准确地把握员工的心态，又能充分表达自己的理念，这是对管理者领导艺术提出的新挑战。

（六）管理价值观——文化管理大行其道

通过上面的分析可以看出，在知识经济社会中，由于员工和企业内部协调机制的变化，企业管理者更多地通过授权而不是命令，通过沟通而不是控制，来协调员工的行为和观念，从而达到既实现企业目标，又培养一流员工和团队的双重目的。在控制手段上，更多的是实行思想和文化的控制，而不是行政和行为层次上的控制。换句话说，柔性控制取代了刚性的控制。

如果说经验管理的特点是人治、科学管理的特点是法治的话，那么文化管理的特点就是文治，即通过企业文化来治理企业。企业文化的核心是共同价值观，因此，管理价值观应该是21世纪企业家的基本功。这就是美国学者所提倡的"基于价值的领导"。

管理价值观大体上包括五个环节：

1. 创造和倡导高尚完美的企业价值体系，正如美国著名管理学家罗伯特·沃特曼所说："企业价值观的特征之一是，它来自高瞻远瞩的领导者。"

2. 认同企业价值观是录用和培训新员工的关键一环。发达国家的优秀公司，普遍地把是否"认同企业价值观"作为是否录用新员工的重要标准。而新员工的培训内容，除一些业务技能培训外，就是企业价值观培训。在联想公司，把这称为"入模子"，即要求新员工按联想价值观塑造成型。

3. 将企业价值观渗透到企业制度、行为规范和经营管理活动的各个环节，真正成为企业的灵魂。

4.任何奖励、惩罚和业绩考核,都以企业价值观为基本准绳。在实施考核和奖罚过程中,不断强化企业价值观。

5.各级管理者,企业的主要经营者应该身体力行、率先示范,成为企业价值观的人格化载体。

(七)中介组织——人力资源开发与管理的专业化分工与合作

作为人力资源管理的对象,人是最复杂的,不仅有物质欲求,更有精神需要;不仅需要与人交往,还要求得到别人的尊重与得到友好对待;不仅需要胜任工作,取得成就,而且要求不断得到培训,不断自我完善与自我超越;不仅与企业有一定联系和感情,而且往往被外界诱惑所左右。因此,人力资源开发与管理的难度越来越大,相应地其专业化程度也越来越强。这要求各级经理和人力资源部的工作人员具备更多的人力资源开发与管理的专业知识。

随着专业化程度的提高,许多中小企业难以独立做好人力资源开发与管理工作,自然将眼光投向许多人力资源管理咨询公司和其他中介机构,诸如"猎头公司""拓展学校""培训公司"等等。这些中介机构不仅提供专业的指导,而且积累了丰富的咨询经验和大量的人才测评、培训、考核、工作分析、职位评价的工具和软件。

即使是一些大型跨国公司,为了提高人力资源开发与管理的效率和效益,也有一种趋势——将一部分低附加值的工作外包给中介机构,委托中介机构为其招聘员工、测评人才、结算和发放工资,进行业务技能培训等等。

但是,价值观的培育、作风的培训、传统的接续、创新的发动、团队组织的建设和学习型组织的运作,这些最具战略意义的工作不能外包,也无法外包。它们将成为未来人力资源开发与管理工作的最具附加价值的部分。

(八)企业即人——人力资源开发与管理战略地位的上升

企业即人,这是许多管理学家和企业家的共识。"造物之前先造人",松下幸之助的这句名言,成为松下公司持续繁荣的关键。无独有偶,世界上最受尊敬的企业家之一——原GE的首席执行官韦尔奇,将60%以上的时间用于培养人,特别是培养管理骨干。他亲自挑选、亲自考核并亲自授课,培训500多名高层经理,而且对两三千名中层经理的选择、考核和培养也倾注了大量心血。特别值得称道的是,他的管理着重点是更新和培养GE的价值体系,使其跟上历史前进的步伐,创造出"老树发新芽"的奇迹,实现了GE持续发展的梦想。

人力资源开发与管理的战略地位越来越高,主要是由于经济全球化、信息化带来了一个直接后果——全球范围的人才争夺越演越烈。

1.全球范围高级技术人才的争夺战

硅谷是美国高科技的发源地,如今已成为高级IT人才争夺战场,那里硝烟四起,已成为公开的秘密。世界许多著名的跨国公司都在那里安营扎寨,中国一些著名企业也在那里设立研究机构。其目的有二：一是延揽高级技术人才；二是及时掌握IT产业动向，开发出克敌制胜的新产品。

在中国的硅谷——北京中关村，同样进行着人才争夺战，微软、英特尔、摩托罗拉等跨国公司不仅在那里设立了研究机构，还把触角直接伸到北大、清华等著名高校，瞄准了那里的尖子生。与他们相抗衡的是一些中国优秀企业。IT行业的高级技术人才薪酬标准迅速提升，已接近世界市场的价格，正是这场争夺战的直接后果。

2. 面向全球化的高级经营人才的争夺战

在经济全球化的环境里，高级经营人才必须具备全球视野，能够纵观全球市场，在全世界范围内整合资源，形成全球范围的竞争优势。具有这种素质的人才十分短缺，在中国尤其如此。

随着跨国公司的发展，"经营人才本土化"已成为一种潮流，这是解决文化冲突、文化整合问题的有效措施。在中国的西方跨国公司，竞相争夺中国的经营管理人才。跨国公司高级经理本土化的另一面是本地经理人才的国际化。跨国公司一般都有一套系统的全球战略，它在不同地区执行时又有一定的灵活性，对当地经理人才的挑战是在执行全球战略与因地制宜两者间如何取得平衡。

现在，一些优秀的中国企业纷纷走出国门，将经营活动扩展到世界各地。他们碰到的共同问题，不仅是如何招聘当地经理的问题，而且有国内普遍缺乏精通技术、外语流利的高级经营人才（诸如市场总监、财务总监、信息总监）。

3. 面向全球化的高级公务员的人才争夺战

随着中国加入WTO，政府的压力很大。缺乏既精通中文又熟悉英文，既有实践经验又掌握现代管理理论的高级公务员，这也是一个十分迫切的问题。

在激烈的人才争夺战中，正在显示出一个朴素的真理——得人才者得天下，要取得人才的心仪，必须学会攻心，最终是"得人心者得天下"。

第二章 工作分析

第一节 工作分析概述

一、工作分析的基本概述

（一）工作分析的定义与内容

工作分析又称工作分析、职务分析，是指对某一特定的工作（岗位）做出岗位调查、岗位信息的收集与分析、岗位评价和分级，并确定该岗位工作职责、权限及任职资格条件等活动的总称。

工作分析的基本问题：

1. 第一个问题——工作是什么？
（1）岗位的名称、级别；
（2）岗位设置的目的；
（3）岗位的工作内容、任务和职责；
（4）岗位的主要工作权利；
（5）岗位需要的工作条件；
（6）岗位与其他岗位的关系；
（7）岗位在企业组织结构中的位置。

2. 第二问题——谁适合这个工作？
（1）基本学历和专业要求；
（2）在某一领域的工作经验；
（3）必须具备的基本能力；
（4）必须接受的培训项目和培训时间；
（5）年龄和性别要求（某些岗位需要）；
（6）性格要求。

3. 第三个问题——谁最适合这个工作？
（1）怎样的经历可以优先；

（2）哪些专业可以优先；

（3）怎样的资格（如某些职称、证书等）可以优先；

（4）曾经有过哪些培训可以优先。

4. 第四个问题——谁来做工作分析？

（1）人力资源管理专家负责总体策划和审定；

（2）主管人员结合企业实践，参与或组织人员编写；

（3）在岗员工结合个人实践提供经验资料；

（4）人力资源部门做出规范、完整、系统的工作分析。

5. 第五个问题——何时做工作分析？

（1）新组织投入运行时；

（2）组织在进行战略调整、业务发展、工作内容与性质发生变化时；

（3）组织在兼并、扩充、增加生产线时；

（4）劳动生产率提高，企业必须改变编制，重新定岗定员时；

（5）组织引进新的设备、新的工艺和新的技术时；

（6）需要以工作分析为基础建立相关制度（如绩效考核、晋升）时。

（二）工作分析的对象与目的

工作分析的对象是工作岗位。在一定时间、空间内，岗位赋予每个员工应完成的工作任务、承担的相应责任。或者说，岗位是一定的技术或行政职务、工作任务、责任和权限的统一；岗位以"事"为中心，将工作任务、责任、权限分派给每个员工。因此，工作岗位应由员工专任或兼任。工作分析所考察的岗位，范围很广，既包括组织中的生产岗位、服务岗位，也包括技术岗位、管理岗位。工作分析的中心任务是为组织人力资源管理提供科学依据，实现"人事相宜、人称其职、人尽其才"。

一个组织的工作涉及人员、职务和环境三方面的因素。有关工作人员的分析包括工作能力、工作条件等方面，乃"人与才"的问题；有关工作职务分析包括工作范围、工作程序、工作关系等内容，乃"才与职"的问题；有关工作环境包括工厂的环境、使用的设备等范畴，乃"职与用"的问题。工作分析是通过"人与才""才与职""职与用"三者相结合以发挥人力资源的有效利用为目的。如图2-1所示：

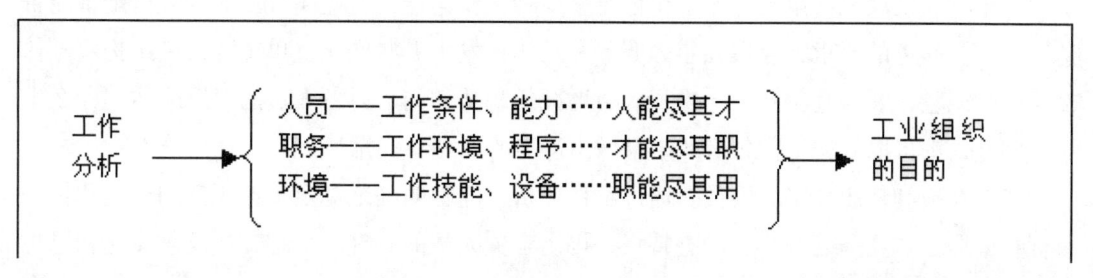

```
                  ┌ 人员——工作条件、能力……人能尽其才
工作分析  ───→   ┤ 职务——工作环境、程序……才能尽其职   ───→  工业组织
                  └ 环境——工作技能、设备……职能尽其用           的目的
```

图2-1

（三）工作分析的作用

工作分析对于人力资源管理具有非常重要的作用。

1. 优化整合资源，为组织带来效益

工作分析能使组织增加高附加值的工作，减少低效益的工作，优化整合资源，创造整体效益。通过工作分析，一方面，由于有明确的工作任务要求，建立起规范化的工作程序和结构，使工作职责明确、目标清楚；另一方面，明确了关键的工作环节和作业要领，能充分地利用和安排工作时间，使干部和员工能更合理地运用技能，分配注意和记忆等心理资源，增强他们的工作满意感，从而提高工作效率。

2. 工作分析是人力资源管理的基石

工作分析是许多人力资源管理实践的基础准备，参见图 2-2。

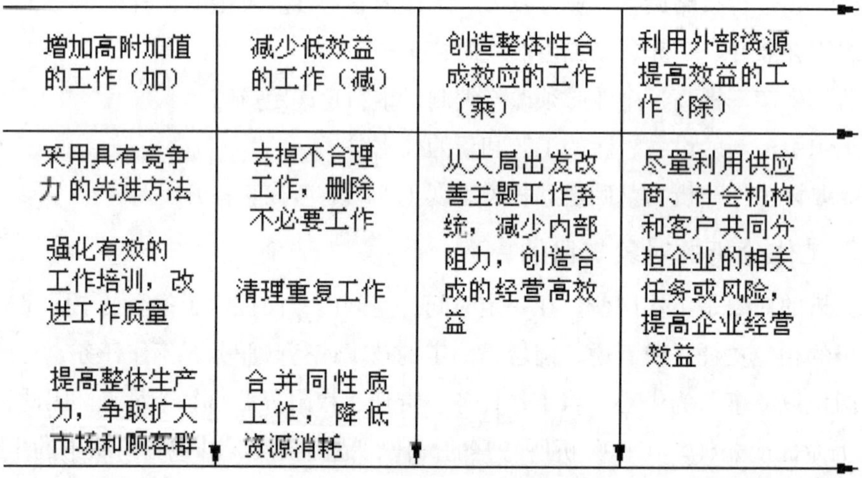

增加高附加值的工作（加）	减少低效益的工作（减）	创造整体性合成效应的工作（乘）	利用外部资源提高效益的工作（除）
采用具有竞争力的先进方法	去掉不合理工作，删除不必要工作	从大局出发改善主题工作系统，减少内部阻力，创造合成的经营高效益	尽量利用供应商、社会机构和客户共同分担企业的相关任务或风险，提高企业经营效益
强化有效的工作培训，改进工作质量	清理重复工作		
提高整体生产力，争取扩大市场和顾客群	合并同性质工作，降低资源消耗		

图 2-2 工作分析的基础地位

在人力资源管理中，几乎每一个方面都涉及工作分析所取得的成果。

（1）制订有效的人力资源规划。每一个单位对于本单位或本部门的工作职务安排和人员配备，都必须有一个合理的计划，并根据企业的发展和工作需要做出人力资源需求预测与供给预测。工作分析的结果，可以为有效的人力资源预测和计划提供可靠的依据。在职业和组织面临不断变化的市场和社会要求的情况下，有效地进行人力资源预测和计划，对组织的生存和发展尤其重要。一个单位有多少种工作岗位，这些岗位目前的人员配备能否达到工作和职务的要求，今后几年内职务和工作将发生哪些变化，单位的人员结构应做什么相应的调整，几年甚至几十年内，人员增减的趋势如何，后备人员的素质应达到什么水平等问题，都可以依据工作分析的结果做出适当的处理和安排。

（2）选拔和任用合格的人员。通过工作分析，能够明确地规定工作职务的近期和长期目标；掌握工作任务的静态和动态特点；提出有关人员的心理、生理、技能、文化和思想等方面的要求，选择工作的具体程序和方法。在此基础上，确定选人、用人的标准。有了明确而有效的标准，就可以通过心理测评和工作考核，选拔和任用符合工作需要和职务要求的合格人员。

（3）设计积极的人员培训和开发方案。通过工作分析，可以明确从事的工作所应具备的技能、知识和各种心理条件。这些条件和要求，并非人人都能够满足和达到，必须不断培训，不断开发。因此，可以按照工作分析的结果，设计和制订培训方案，根据实际工作要求和聘用人员的不同情况，有区别、有针对性地安排培训内容和方案，以培训促进工作技能的发展，提高工作效率。

（4）提供考核、升职和作业的标准。工作分析可以为工作考核和升职提供标准和依据。工作的考核、评定和职务的提升如果缺乏科学依据，将影响干部、员工的积极性，使工作和生产受到损失。根据工作分析的结果，可以制定各项工作的客观标准和考核依据，也可以作为职务提升和工作调配的条件和要求。同时，还可以确定合理的作业标准，提高生产的计划性和管理水平。

（5）建立先进、合理的工作定额和报酬制度。工作分析可以为各种类型的各种任务确定先进、合理的工作定额。所谓先进、合理，就是在现有工作条件下，经过一定的努力，大多数人能够达到、其中一部分人可以超过、少数人能够接近的定额水平。它是动员和组织员工、提高工作效率的手段，是工作和生产计划的基础，也是制定企业部门定员标准和工资奖励制度的重要依据。工资奖励制度是与工资定额和技术等级标准密切相关的，把工作定额和技术等级标准的评定建立在工作分析的基础上，就能够制定出比较合理公平的报酬制度。

（6）改善工作设计和环境。通过工作分析，可以不断确定职务的任务特征和要求，建立工作规范，而且可以检查工作中不利于发挥人们积极性和能力的方面，发现工作环境中有损工作安全、加重工作负荷、造成工作疲劳与紧张影响社会心理气氛的各种不合理因素；有利于改善工作设计和整个工作环境，从而最大限度调动员工工作积极性和发挥技能水平，使人们在更适于身心健康的安全舒适的环境中工作。

（四）工作分析的基本原则

为了提高工作工作分析的科学性、合理性和可靠性，在组织实施中应注意遵循以下几项原则：

1. 最优化原则

最优化是指在一定约束条件下，使系统的目标函数达到最大值或最小值。最优化原则不但体现在工作分析的各项环节上，还反映在工作分析的具体方法、步骤上。例如，一个组织系统中，为了实现其总目标和总功能，必须设置一定数目的岗位，而岗位设置应体现最优化原则，即以最低数量岗位设置谋求总体的高效率化，确保系统目标的实现。岗位评价方法很多，在具体实施中到底采用哪一种方法，就需要在一定约束条件下进行优选。

2. 标准化原则

标准化管理是现代人力资源管理的基础，也是有效地推行各项管理的重要手段，贯彻实行现代企业制度的组织不仅要实现产品工艺、设计、质量和销售等方面的标准化，还要大力推行管理的标准化。管理的标准化，就是将生产经营活动中需要统一的各种管理事项和概念，制定成标准或具有标准性质的技术文件加以贯彻实施的活动过程。标准化表现为统一化和通用化等多种形式。工作分析的标准化表现为岗位调查、工作分析、岗位评价和岗位分级在内容、程序、方法、因素、指标上的标准化，以及工作分析的各项成果（如工作说明书、岗位培训规范等）人事文件的标准化。

3. 能级原则

能级是指组织中各个岗位功能的等级，就是岗位在组织这个"管理场"中所具有的能量等级。一个岗位能级的大小，是由它在组织中的工作性质、复杂难易程度、责任大小、任务轻重等因素决定的，功能大的岗位，其能级就高；反之，就低。一般来说，在一个组织中，工作岗位能级从高到低，可区分为四个层次，即决策层、管理层、执行层和操作层，并呈塔形分布状态。

4. 系统性原则

所谓系统，就是指由若干既有区别又相互依存的要素组成的、处于特定环境的、具有特定结构和功能的有机整体。其中各个要素可以是单个的事物，也可以是一组事物构成的小系统，每个系统又可以细分为一个大规模系统中的若干个子系统。一个组织就是一个系统，它们是由这样的组织或岗位独立承担的各种既有区别又有联系的工作任务组成的有机统一体。

第二节　工作分析的方法与程序

一、工作分析的基本方法

（一）工作分析的方法

1. 观察法

观察法是指分析人员通过对员工正常工作状态进行观察，把有关工作各部分的内容、原因、方法、目的等信息记录下来，并通过对信息进行比较、分析、归纳等方式得出工作分析成果的方法。由于不同的观察对象的工作周期和工作突发性有所不同，所以观察法又可分为直接观察法、阶段观察法和工作表演法。

（1）直接观察法。工作分析人员直接对员工工作的全过程进行观察。直接观察适用于工作周期很短的岗位。如保洁员，他的工作基本上是以一天为一个周期，工作分析人员可以一整天跟随着保洁员进行直接工作观察。

（2）阶段观察法。有些员工的工作具有较长的周期，为了完整地观察到员工的所有工作，必须分阶段进行观察。比如行政人员，他需要在每年年终时筹备单位总结表彰大会。工作分析人员就必须在年终时再对该岗位进行观察。有时由于时间阶段跨度太长，工作分析工作无法拖延很长时间，这时就采用"工作表演法"更为合适。

（3）工作表演法。对于工作周期很长和突发性事件较多的工作比较适合。如保安工作，除了有正常的工作程序以外，还有很多突发事件需要处理，如盘问可疑人员等，工作分析人员可以让保安人员表演盘问的过程，来进行该项工作的观察。

在进行观察记录时应注意以下内容：避免机械记录，应主动反映工作的各有关内容，对观察到的信息进行比较和提炼；观察力求结构化，力求做到确定观察内容、确定观察的时间、确定观察的位置、准备供观察使用的记录表格等。虽然此种方法所取得的信息比较客观和准确，但要求观察者有足够的实际操作经验。另外，观察法比较适用于体力工作者和事务性工作者，如搬运员、操作员、文秘等工作岗位。对于高层管理职位或一些研究职位，对于生产自动化程度较高的情况，对于完成一项工作耗时过长或需复杂的技术等情况，观察法一般不太适用。

2. 面谈法

面谈法是通过工作分析者与工作执行者面对面的谈话来收集信息资料的方法。有三种面谈的形式可用来收集工作分析资料：个别面谈、集体面谈、管理人员面谈。个别面谈，一般是指与任职者的面谈，要求任职者描述他们做什么、怎样做及他们完成其工作所处的条件，它倾向于聚焦在工作内容和工作背景上；集体面谈法是在一群员工从事同样工作的情况下使用，通常会邀请其主管出席，如果其主管未曾出席的话，也应找个别的机会将收集到的资料跟其主管谈论；主管人员面谈法是找一个或多个主管面谈，这些主管对于该工作有相当深的了解，其典型作用是评审和证实任职者回答的准确性，并提供所期望的绩效水平、新工人的培训需要和工人的必要条件的进一步信息。

在面谈时应注意以下问题：面谈应尽量结构化。在面谈前应确定收集信息的内容并制定详细的提问单，把握住所提问题与目的间的关系。通过提问单，可系统地了解所关心的内容，可以进行跟踪提问，搞清楚工作的具体情况；面谈时要保持友善的态度。

面谈法的优点在于提供观察法无法获取的信息，如工作经验、任职资格等，并且特别适合对文字理解有困难的人。值得注意的是，面谈法不能单独用于信息收集，只适合与其他方法一起使用。

采用面谈法应注意以下几个问题：

（1）事先征得样本员工直接主管的同意；

（2）在无人打扰的环境中进行面谈；

（3）向样本员工讲解工作分析意义，介绍面谈的大体内容；

（4）以轻松的话题开始，消除样本员工的紧张情绪；

（5）鼓励样本员工真实、客观地回答问题；

（6）按照面谈提纲的顺序，由浅至深地进行提问；

（7）注意把握面谈的内容，防止样本员工离题太远；

（8）注意倾听技巧，适时做好谈话记录。

3. 问卷调查法

问卷调查法是工作分析中常用的一种方法，是根据工作分析的目的、内容等编写结构性调查表，内容可简可繁，由工作执行者填写后回收整理，提取出工作信息的一种方法。这是一种普遍使用的工作信息提取方法，通常被人们认为是最快捷而最省时间的方法。

问卷调查表可以设计成开放式和封闭式两种。在开放式调查表中，工作执行者可自由回答所提问题；而在封闭式调查表中，工作执行者从所列答案中选择最适合的答案。工作调查问卷也可以设计成二者的综合。实际上，最好的问卷介于这两种极端情形中间，既有封闭性问题，也有开放性的问题。但人们更经常使用封闭式的问题，因为它们提供的回答有较大的统一性并更易于打分。

工作分析所使用的调查问卷还有很多种，问卷调查表既有通用的，适用于各种职务调查的问卷，又有针对某一专业岗位的问卷；既有信度、效度很高的标准问卷，如职务分析问卷（PAQ），也有非标准化的问卷；既有针对脑力劳动者、知识工作者等管理、技术岗位的问卷，又有针对蓝领操作工人的调查问卷等。

其基本调查项目与内容如下：

（1）基本资料：

①姓名、性别、年龄；②职称、部门、学历；③现任职务；④直接上级和直接下级；⑤薪酬等级与收入；⑥任职时间。

（2）工作时间：

①正常工作时间；②休息时间；③加班时间；④出差情况；⑤工作时间的忙闲分布程度。

（3）岗位工作内容：

①工作目标；②岗位工作概述；③岗位工作程序；④工作事项。

（4）工作责任：

①风险控制责任；②成本控制责任；③协调责任；④指导监督责任；⑤组织人事责任；⑥工作结果责任；⑦决策责任。

（5）任职者所需的知识技能：

①最低学历要求；②知识面；③熟练期；④工作的复杂性；⑤工作经验；⑥文字水平；⑦逻辑思维能力；⑧综合能力。

（6）工作的劳动强度：

①工作压力；②精力集中程度；③体力要求；④创新与开拓；⑤工作紧张程度。

（7）工作环境：

①工作时间特征；②职业病；③工作环境的舒适度；④工作环境的危险性。

采用问卷调查法应注意的问题：

（1）事先需征得样本员工直接主管的同意，尽量获取直接主管的支持；

（2）为样本员工提供安静的场所和充裕的时间；

（3）向样本员工讲解工作分析的意义，说明填写问卷调查表的注意事项；

（4）鼓励样本员工真实客观地填写调查表，不要对表中填写的任何内容产生顾虑；

（5）分析人员随时解答样本员工填写问卷时提出的问题；

（6）样本员工填写完毕后，查看是否有漏填、误填现象；

（7）如果对样本员工的填写有疑问，立即向样本员工提问；

（8）问卷填写准确无误后，完成信息收集任务，向样本员工致谢。

问卷调查法的优点：①经济实用，调查范围广、调查样本量大，能在较短时间内获取相关信息；②简便易行，内容有针对性；③员工容易作答，比较主动，有充分的思考时间；④设计简洁、容易回答、清晰规范的调查问卷有利于事后对结果的处理和分析；⑤可为员工提供一种意见和建议渠道。缺点：①填表人必须受到培训，否则对问题的不同理解可能导致调查结果的偏差；②不是每个人都能完整和准确地描述自己的工作任务。③很难设计出一个能够收集完整资料的问卷调查表，而且一般员工不愿意花时间认真地填写问卷表，尤其是开放式问卷，这些都会影响调查的质量。

4. 工作实践法

工作实践法就是通过工作实践，了解、掌握岗位要求的第一手资料。这种方法可以直接了解岗位的实际工作情况及岗位对智力、体力、学历、经验、技能等方面的要求，适用于短期内可以掌握的岗位工作，不适用于需要进行大量训练或危险性的岗位工作。

5. 工作日志法

工作日志法就是让员工以工作日记或工作笔记的形式将其日常工作中从事的每一项活动按照时间顺序记录下来，以此收集工作分析所需的信息。优点：信息可靠性高，所需费用少，容易掌握有关工作职责、工作内容、工作关系、劳动强度等方面的信息。缺点：使用范围小，只适用于工作循环周期短、工作状态稳定的工作；整理信息工作量大，常会因为工作忙而耽误记录；可能会产生信息失真。

6. 典型事例法

典型事例法，主要原则是认定员工与职务有关的行为，并选择其中最重要、最关键的部分来评定其结果，其中对事例的描述内容包括：

（1）导致事例发生的原因和背景；

（2）员工的特别有效或多余的行为；

（3）典型事件行为的后果；

（4）员工自己能否支配或控制上述后果。

典型事例法的优点：能获得有关职务的静态信息和动态特点；所研究行为可被观察和衡量到；可以确定行为的任何可能的利益和作用；获得的资料适用于大多数工作分析。缺点：收集、归纳事例并加以分类要耗费大量时间；可能会遗漏一些不显著的工作行为，难以对工作完整把握。

7. 资料分析法

为了降低工作分析成本，应当尽量利用现有的资料和信息，对每项工作的任务、责任、权力、工作强度、任职资格等都有一个大致了解，为进一步的调查奠定基础。在实际工作中容易被忽视的地方是没有正确选择工作分析人员。实际上从事工作分析的人员必须有丰富的经验、较高的教育背景、较高的分析和判断能力，并具有独立、客观和公正的态度。

8. 时间序列分析法

时间序列分析法一般用于非管理工作描述，也是一种以工作为中心的分析方法。时间分析的目的是对工作中每项任务确定一个标准的完成时间，将工作中所有任务的完成时间相加得到工作完成所需的总时间。这个时间可作为确定工资和奖金、新老产品成本、生产线和工作小组均衡生产的依据。由于标准工作时间的确定受到员工个人和工作本身的特点等因素的影响，很难做到准确无误，因此，往往需要测量员工的真实努力程度与需要努力程度。

二、工作分析的程序

工作分析是一项技术性很强的工作，需要做周密的准备。同时还需具有与人力资源管理活动相匹配的科学的、合理的操作程序。图2-3是工作分析的程序模型，工作分析通常依照该程序进行。

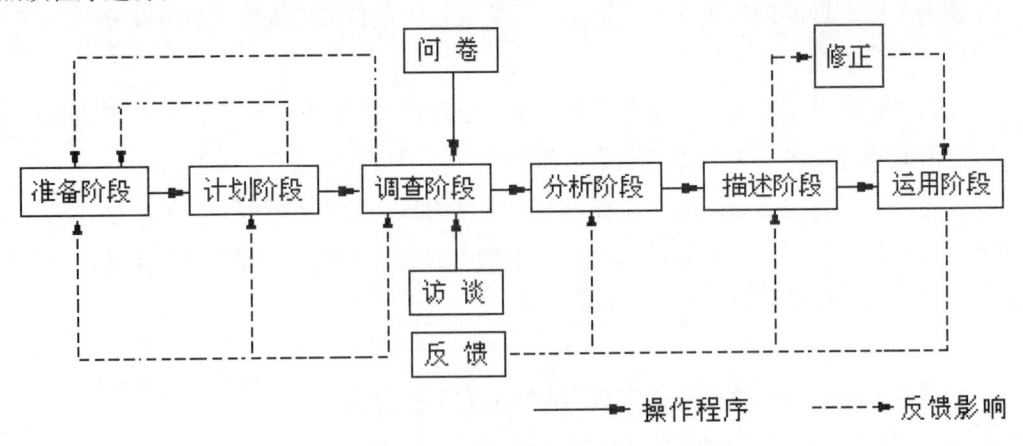

图2-3 工作分析的程序

（一）准备阶段

由于工作分析人员在进行分析时要与各工作现场或员工接触，所以，分析人员应该现场在办公室内研究该工作的书面资料。同时，要协调好与工厂主管人员之间的合作关系，以免导致摩擦或误解。在这一阶段，主要解决以下几个问题：

1. 建立工作分析小组

小组成员通常由分析专家构成。所谓分析专家，是指具有分析专长，并对组织结构内各项工作有明确概念的人员。一旦小组成员确定之后，就赋予他们进行分析活动的权限，以保证分析工作的协调和顺利进行。

2. 明确工作分析的总目标、总任务

根据总目标、总任务对企业现状进行初步了解，掌握各种数据和资料。

3. 明确工作分析的目的

有了明确的目的，才能正确确定分析的范围、对象和内容，规定分析的方式、方法，并弄清应当收集什么资料，到哪儿去收集，用什么方法去收集。

4. 明确分析对象

为保证分析结果的正确性，应该选择有代表性、典型性的工作。

5. 建立良好的工作关系

为了搞好工作分析，还应做好员工的心理准备工作，建立起友好的合作关系。

（二）计划阶段

分析人员为使研究工作迅速有效，应制订一个执行计划。同时，要求管理部门提供有关的信息。无论这些信息来源与种类如何，分析人员应将其予以编排，可用图表方式表示。这一阶段包括以下几项内容：

1. 选择信息来源

信息来源：任职者、上级主管和人力资源管理专家。信息的选择应注意：（1）不同层次的信息提供者所提供的信息存在差别。（2）工作分析人员应站在公正的角度听取不同的信息，不要事先存有偏见。（3）使用各种职业信息文件时，要结合实际，不可照搬照抄。

2. 选择收集信息的方法和系统

信息收集的方法和分析信息适用的系统由工作分析人员根据企业的实际需要灵活运用。

由于分析人员有了分析前的计划，对可省略和重复之处均已了解，因此可节省很多时间。但是分析人员必须切记，这种计划仅仅是预定性质的，以后必须将其和各单位实际情况相验证，才不致导致错误。

（三）分析阶段

工作分析是收集、分析、综合组织某项工作有关信息的过程。也就是说该阶段包括信息的收集、分析、综合三个相关活动，是整个工作分析过程的核心部分。

1. 工作名称

该名称必须明确，使人看到工作名称，就可以大致了解工作内容。如果该工作已完成了工作评价，在工资上已有固定的等级，则名称上可加上等级。

2. 雇用人员数目

同一工作所雇用工作人员的数目和性别，应予以纪录。如雇用人员数目经常变动，其变动范围应说明，若所雇人员是轮班使用，或分于两个以上工作单位，也应分别说明。由此可了解工作的负荷量及人力配置情况。

3. 工作单位

工作单位是显示工作所在的单位及其上下左右的关系，也就是说明工作的组织位置。

4. 职责

所谓职责，就是这项工作的权限和责任有多大，主要包括以下几方面：

（1）对原材料和产品的职责；

（2）对机械设备的职责；

（3）对工作程序的职责；

（4）对其他人员工作的职责；

（5）对其他人员合作的职责；

（6）对其他人员安全的职责。

分析人员应尽量采用"量"来确定某一工作所有职责的情况。

5. 工作知识

工作知识是为圆满完成某项工作，工作人员应具备的实际知识。这种知识应包括任用后为执行其工作任务所需获得的知识，以及任用前已具备的知识。

6. 智力要求

智力要求指在执行过程中，所需运用的智力，包括判断、决策、警觉、主动、积极、反应、适应等。

7. 熟练及精确度

该因素适用于需用手工操作的工作，虽然熟练程度不能用"量"来衡量，但熟练与精确度关系密切，在很多情况下，工作的精确度可用允许的误差加以说明。

8. 机械设备工具

在从事工作时，所需使用的各种机械、设备、工具等，其名称、性能、用途，均应记录。

9. 经验 工作是否需要经验，如有需要则以何种经验为主，其程度如何。

10. 教育与训练

（1）内部训练：是由雇主所给予的训练，无论是否在本企业中举行，只要该训练是为企业中某一专门工作而开办的就叫作内部训练。

（2）职业训练：由私人或职业学校所进行的训练。其目的在于发展普通或特种技能，并为任何企业现有的某一特种工作而训练。

（3）技术训练：指在中学以上含有技术性的训练。

（4）一般教育：指所接受的大、中、小学教育。

11. 身体要求

有些工作有必须站立、弯腰、半蹲、跪下、旋转等消耗体力的要求，应加以记录并作具体说明。

12. 工作环境

包括室内、室外、湿度、宽窄、温度、震动、油渍、噪声、光度、灰尘、突变等，各有关项目都需要作具体的说明。

13. 与其他工作的关系

表明该工作与同机构中其他工作的关系，由此可表示工作升迁及调职的关系。

14. 工作时间与轮班

该项工作的时间，工作的天数、轮班、长度都是雇用时的重要信息，均应予以说明。

15. 工作人员特性

是指执行该工作的主要能力，包括手、指、腿、臂的力量及灵巧程度，感觉辨别能力，记忆、计算及表达能力。

16. 选任方法

此项工作，应用何种选任方法，也应加以说明。

总之，工作分析的项目很多，凡是一切与工作有关的资料均在分析的范围之内，分析人员可视不同的目的，全部予以分析，也可选择其中必要的项目予以分析。

（四）描述阶段

仅仅研究分析一组工作，并未完成工作分析，分析人员必须将获得的信息予以整理并写出报告。通常工作分析所获得信息以下列方式整理：

1. 文字说明

将工作分析所获得的资料以文字说明的方式表述和描述，列举工作名称、工作内容、工作设备与材料、工作环境及工作条件等。

2. 工作列表及问卷

工作列表是把工作加以分析，以工作的内容及活动分项排列，由实际从事工作的人员加以评判，或填写分析所需时间及发生次数，以了解工作内容。列表或问卷只是处理形式不同而已。

3. 活动分析

该分析实质上就是作业分析。通常是把工作的活动按工作系统与作业顺序一一列举，然后根据每一作业加以详细分析。活动分析多以观察及面谈的方法对现有工作加以分析，所有资料作为教育及训练的参考。

4. 决定因素法

该种方法是把完成某项工作的几项最重要行为加以表列，该项"需要性"在积极方面说明工作本身特别需要的因素，在消极方面说明亟待排除的因素。

至于工作分析的报告，其编排应该根据分析的目的加以选择，以间断清晰的字句，撰成说明式的报告初稿，送交有关主管和分管人员，获取补充建议后，再予修正定稿。

（五）运用阶段

此阶段是对工作分析的验证，只有通过实际的检验，工作分析才具有可行性和有效性，才能不断适应外部环境的变化，从而不断地完善工作分析的运行程序。此阶段的工作主要有两部分：

其一，培训工作分析的运用人员。这些人员在很大程度上影响着分析程序运行的准确性、运行速度及费用，因此，培训运用人员可以增强管理活动的科学性和规范性。

其二，制定各种具体的应用文件。

（六）运行控制

控制活动贯穿于工作分析的始终，是一个不断调整的过程。随着时间的推移，任何事物都在变化，工作也不例外。组织的生产经营活动是不断变化的，这些变化会直接或间接地引起组织分工协作体制发生相应的调整，从而也相应地引起工作的变化。因此，一项工作要有成效，就必须因人制宜地做些改变。另外，工作分析文件的适用性只有通过反馈才能得到确认，并根据反馈修改其中不适应的部分。所以，控制活动是工作分析中的一项长期重要活动。

第三节 工作说明书

一、工作说明书的基本概念与内容

（一）工作说明书（岗位说明书）

工作说明书（岗位说明书）是企业重要的人事文件之一。它是对某类岗位的工作性质、任务、责任、权限、工作内容和方法、工作应用实例、工作环境和条件，以及本岗位人员资格条件所做的书面记录。岗位规范它是对岗位有关事项所作的统一规定，规范是标准的一种形式。从我国企业标准化工作的现状来看，岗位规范属于工作标准的范畴。因此，有些企业也使用岗位标准替代岗位规范一词。

岗位规范与工作说明书两者既相互联系，又存在着一定区别。虽然两者都是工作分析的结果，但在以下几个方面有明显不同：

（1）从编制的直接目的来看，岗位规范是在岗位描述的基础上，解决"什么样的人员才能胜任本岗位工作"的问题，为企业员工招收、培训、考核、选拔、任用提供标准。而工作说明书是以"事"为中心，对岗位进行全面、系统、深入的说明，为岗位评价、岗位分类，以及企业人力资源管理提供依据。

（2）从内容涉及的范围来看，岗位规范的内容比较简单，主要涉及人员的任职资格、条件等方面的问题。而工作说明书的内容要广泛得多，既包括对岗位各事项性质、特征等方面的说明，又包括对担任该岗位工作人员要求的说明。从这一意义上说，岗位规范是工作说明书的一个重要组成部分。在美国的企业中，通常将工作说明书分为岗位说明书（也译为岗位规格说明书）和雇员说明书（也译为雇员规格说明书）两部分。

（3）从具体的形式上看，岗位规范是由有关部门统一审定、颁发的标准，是按照标准化的原则确定的。而工作说明书一般不受标准化原则制约，形式多样化，内容繁简程度不一，企业可视具体情况，根据实际需要而编制。

（二）工作说明书的基本内容

1. 岗位名称。

2. 岗位编号。可按岗位评价与分级的结果对岗位进行编码，编码可采用六位或八位数，以便于查找。

3. 本岗位的说明。主要包括：(1) 本岗位的性质、特征，与其他岗位的区别；(2) 本岗位的劳动强度、工作繁简难易程度、责任大小、劳动环境和条件；(3) 本岗位的工作程序和工作举例；(4) 本岗位与其他岗位的关系、职务升迁、变动路线；(5) 岗位其他方面的说明。

4. 资格条件。指担任本岗位的人员应具备的基本资格和条件。如性别、年龄、身体条件、经验、学识、技能等要求。

5. 岗位评价与分组。说明本岗位的相对价值、在生产中的地位和作用。工作说明书是对每一工作的性质、任务、责任、环境、处理方法及对工作人员的资格条件的要求所作的书面记录。它是根据工作分析的各种调查资料，加以整理、分析、判断所得的结论编写成的一种文件，是工作分析的结果。

二、编制工作说明书

编制工作说明书的目的是为企业的招聘录用、工作分派、签订劳动合同以及职业咨询等人力资源管理业务，提供原始资料和科学依据。工作说明书的外在形式是根据一项工作编制的一份书面材料，可用表格显示，也可用文字叙述。

在填写这种表格时，应尽可能做到清楚准确，使得员工读了它以后能够准确把握管理者的意思。在表格中职责最后应加上这样一句话："完成主管交代临时性工作任务。"可以避免而后在他应该（或不应该）做什么工作上引发争论。

第四节 岗位评价

一、岗位评价的含义及其假设

一则案例的启示:

"我们为什么只拿这么少的薪水?"这是伟业公司许多员工所发出的疑问。伟业公司是一家从事各种文化活动策划、设计、组织等业务的公司,在同行业里属于经营效益较高的,因此,公司的平均薪酬水平高于市场水平。但大家仍然对自己所得的薪酬感到不满意。

原来,伟业公司实行的是一套比较简单的薪酬制度。这套制度将职位按照责任大小分成四个等级:员工级、主管级、经理级、高层管理。每个等级里又分两个档,本着向业务倾斜的原则,业务开发部和项目管理部这两个部门取其中的较高档,其他部门取其中的较低档,于是问题就出现了。

有些部门(如创意设计部)认为:职务高未必贡献大,薪酬应与贡献相联系,公司大大小小的业务主要靠我们的工作才能成功,我们的贡献理应是很大的,与行政事务部这样的部门主管比较起来,我们的技术含量、难度、贡献都比他们大得多,但是,就因为我们不是主管,就比他们的主管人员拿的薪酬低,这样太不合理了。

其实部门主管、经理等管理人员也有意见。他们认为,每个部门的工作量、任务难度是不同的,不应该所有部门都一刀切,应有所差别。还有的部门主管人员认为,如果出了问题,主管所承担的责任要比员工大得多,所以,主管薪酬与员工的差距应拉得再大一些。对这些不同的意见要给出大家能满意的答复,必须有岗位评价。

(一)岗位评价的含义

岗位评价又称职位评估、工作评估或岗位测评等,是在工作分析的基础上,对各岗位的责任大小、工作强度、工作复杂性、所需资格条件等特性进行评价,以确定岗位相对价值的过程。岗位评价的组织和参与者包括:

(1)由专门委员会进行组织,委员会的构成取决于被评价工作的类型和要求;
(2)人力资源部负责岗位评价项目的管理和实施;
(3)专门的人力资源顾问机构负责进行评价;
(4)聘用的外部顾问对企业人力资源管理部门人员进行培训,指导他们完成评价工作。

(二)岗位评价的某些假设

(1)岗位所承担的责任和风险越大,对组织整体目标的贡献和影响也越大,被评价的等级应该越高。
(2)岗位所需的知识和技能越高越深,被评价的等级应越高。

（3）岗位工作难度越大、越复杂，所需付出的努力越多，被评估的等级应越高。
（4）岗位工作环境越恶劣，被评估的等级应越高。

二、岗位评价的基本方法

（一）排列法

排列法是在不对工作内容进行分解的情况下，由评定人员凭着自己的经验和判断，将各工作岗位的相对价值按高低次序进行排列，从而确定某个工作岗位与其他工作岗位的关系。

排列法的工作步骤如下：

（1）工作分析。由有关人员组成评价小组，做好相应的各项准备工作，然后对工作岗位情况进行全面调查，收集有关岗位方面的资料、数据，并写出调查报告。

（2）选择标准工作岗位。所选岗位必须广泛分布于现有的岗位结构中，同时彼此间的关系需要得到广泛的认同；必须能代表岗位所包括的职能特性和要求；标准岗位的数量通常选取总岗位的10%~15%；需建立一个用以排列其他岗位的结构框架。

（3）岗位排列。评定人员必须对有关工作进行全面了解。在实际排列过程中，岗位不仅要与标准岗位相比，也要同已排列好的岗位相比。排列后岗位等级通常呈金字塔形。

（4）岗位定级。按评判标准对各岗位的重要性做出评判，将各岗位的评定结果汇总，用序号和除以评定人数得到每一岗位的平均序数，按平均序数的大小，由小到大评定出岗位相对价值的次序。

例如，甲、乙、丙三人组成的评价小组对A、B、C、D、E、F、G等7个岗位进行评定，结果如表2-3。

表2-3

岗位	A	B	C	D	E	F	G
甲评定结果	1	3	4	2	5	6	7
乙评定结果	2	1	4	3	-	5	-
丙评定结果	1	-	2	3	6	4	5
评定序数和（∑）	4	4	10	8	11	15	12
参加评定人数	3	2	3	3	2	3	2
平均序数	1.3	2	3.3	2.67	5.5	5	6
岗位相对价值的次序	1	2	4	3	6	5	7

排列法的优点为：①简便易行，直观；②作为一个整体对各岗位进行评定，避免因工作要素分解而引起的矛盾和争论。缺点为：①在工作岗位数多且不相近时，难以找到熟悉所有工作内容的评定人员；②评价主观，缺乏严格的、科学的评判标准，评价结果弹性大，易受到其他因素的干扰；③排列法本身并不能为等级划分提供依据，且无法衡量工作等级

之间的差异程度；④只适用生产单一、岗位较少的中小企业。

（二）分类法

分类法又称归级法，是对排列法的改革。它是在工作分析基础上制定一套职位级别标准，然后将职位与标准进行比较，将它们归到各个级别中去。其工作步骤为：①工作分析；②岗位分类；③建立等级结构和标准；④岗位测评排列。

分类法的优点为：①比较简单，所需经费、人员和时间相对较少。在工作内容不太复杂的部门，能在较短时间内得到满意结果；②因等级标准的制定遵循一定依据，其结果比排列法准确、客观；③出现新工作或工作变动时，容易按照等级标准迅速确定其等级；④应用灵活，适应性强，为劳资双方谈判及争端解决留有余地。分类法的缺点为：①岗位等级的划分和界定存在一定难度，带有一定主观性；②较粗糙，只能将岗位归级，但无法衡量职位间价值的量化关系，难以直接运用到薪酬体系中。

实例：某组织分类体系中所使用要素。

（1）工作复杂性和灵活性；

（2）接受和实施的监督；

（3）所需要的判断力；

（4）所需要的创造性；

（5）人际关系的特点和目的；

（6）责任；

（7）经验；

（8）要求的知识水平。

（三）配对比较法

配对比较法也称相互比较法，就是将所有要进行评价的岗位列在一起，两两配对比较，其价值较高者可得1分。最后将各岗位所得分数相加，分数最高即等级最高，按分数高低将岗位进行排列，即可划定岗位等级。通过计算平均序数，便可得出岗位相对价值的次序。

表2-4 配对比较法的基本操作步骤和方法

比较职务	A	B	C	D	E	F	G	得分总计	排序
A		1	1	0	1	1	1	5	2
B	0		0	0	1	0	1	2	5
C	0	1		0	1	1	1	4	3
D	1	1	1		1	1	1	6	1
E	0	0	0	0		0	0	0	7
F	0	1	0	0	1		1	3	4
G	0	0	0	0	1	0		1	6

（四）要素计点法

要素计点法又称点数加权法、点数法，是目前大多数国家最常用的方法。这种方法是先选定若干关键性评价要素，并确定各要素的权数，对每个要素分成若干不同的等级，然后给各要素的各等级赋予一定分值，这个分值也称为点数，最后按照要素对岗位进行评估，算出每个岗位的加权总点数，便可得到岗位相对价值。

要素计点法的具体步骤为：

（1）确定评价要素及其权数；

（2）定义评价要素，划定要素等级；

（3）各评价要素等级的点数配给；

（4）岗位评价，计算点数，确定岗位相对价值。

要素计点法的优点为：①主观随意性较少，可靠性强；②相对客观的标准使评价结果易于为人们所接受；③通俗，易于推广。要素计点法的缺点为：①费时，需投入大量人力；②评价要素定义和权重的确定有一定技术难度；③不完全客观和科学，要素的选择、等级的定义和要素权重的确定都有一定的主观因素。

表2-5 某公司岗位评价要素及其权数、点数分配表

评价要素及比例点数	工作知识		工作能力		工作压力		工作环境
	基础知识	实务知识	思考力	交涉力	约束力	工作量	
要素等级	20%	25%	20%	15%	10%	5%	5%
1（总100点）	20	25	20	15	10	5	5
2（总200点）	40	50	40	30	30	15	15
3（总300点）	60	75	60	45	50	25	25
4（总400点）	80	100	80	60	40	20	20
5（总500点）	100	125	100	75	50	25	25

注：岗位评价要素总点数为500点。

第三章 人力资源规划

第一节 人力资源规划的概述

一、人力资源规划的概念

任何管理人员都知道,资源来之不易,需要珍惜爱护和合理使用,对人力资源尤其如此。尽管不同的人对人力资源规划的认识不同,但对其最终目标的认识是基本一致的,即为了组织和工作者的利益,最有效地利用人才,形成高效率—高士气—高效率的良性循环,确保组织的战略目标的实现。

人力资源规划是根据组织的战略目标,科学预测组织在未来环境变化中人力资源的供给与需求状况,制定必要的人力资源获取、利用、保持和开发策略,确保组织对人力资源在数量上和质量上的需求,使组织和个人获得长远利益。

从这个定义我们可以看到:第一,人力资源规划是以组织的战略目标为依据的,当组织的战略目标发生变化时,人力资源规划也随之发生变化。因此,组织的战略目标是人力资源规划的基础。第二,组织外部环境中政治的、经济的、法律的、技术的、文化的等一系列因素处于不断的变化之中,这使得组织的战略目标也处于不断的变化与调整之中,组织战略目标的变化则必将引起组织内外人力资源供需的变化,人力资源规划就是要对人力资源供需状况进行分析预测,以确保组织在近期、中期和长期对人力资源的需求。第三,一个组织应制定必要的人力资源政策的措施,以确保组织对人力资源需求的如期实现。政策要正确而明晰,如对涉及内部人员调动补缺、晋升或降职、外部招聘、开发培训,以及奖惩等要有切实可行的措施保证,否则就无法确保组织人力资源规划的实现。第四,人力资源规划要使组织和个人都得到长期的利益。这是指组织的人力资源规划还要创造良好的条件,充分发挥组织中每个人的主观能动性,得以使每个人提高自己的工作效率,提高组织的效率,使组织的目标得以实现。与此同时,也要切实关心组织中每个人在物质、精神和业务发展等方面的需求,并帮助他们在实现组织目标的同时实现个人的目标。这两者必须兼顾,否则就无法吸引、招聘到组织所需的人才,也难以留住本组织内已有的人才。

二、人力资源规划的体系与内容

人力资源规划包括两个层次，即总体规划（基础性的人力资源规划）与各项业务计划（参见表3-1）。人力资源整体规划是指有关计划期内人力资源开发利用的总目标、总政策、实施步骤及总预算的安排。人力资源所属业务计划包括退休解聘计划、配备计划、补充计划、使用计划、培训开发计划、职业计划、绩效与薪酬计划、劳动关系计划等等。这是业务计划和总规划的展开和具体化。

表3-1 人力资源规划的主要内容

计划项目	主要内容	预算内容
总体规划	人力资源管理的总体目标和配套政策	预算总额
配备计划	中长期内不同职务、部门或工作类型的人员的分布状况	人员总体规模变化而引起的费用变化
退休解聘计划	由于各种原因离职的人员情况及其所在岗位情况	安置费
补充计划	需要补充人员的岗位、补充人员的数量、提高对人员的要求	招募、选拔费用
使用计划	人员晋升政策、晋升时间；轮换工作的岗位情况、人员情况、轮换时间	职位变化引起的薪酬福利等支出的变化
培训开发计划	培训对象、目的、内容、时间、地点、教员等	培训总投入、脱产人员工资及脱产损失
职业计划	骨干人员的使用和培养方案	（含在上项）
绩效与薪酬福利计划	个人及部门的绩效标准、衡量方法；薪酬结构、工资总额、工资关系、福利项目以及绩效与薪酬的对应关系等	薪酬福利的变动额
劳动关系计划	减少和预防劳动争议，改进劳动关系的目标和措施	诉讼费用及可能的赔偿

（一）总体规划

总体规划即根据组织战略确定人力资源管理的总体目标和配套政策。总体规划一般应包括以下几个方面：

1. 与组织的总体规划有关的人力资源规划目标、任务的说明；
2. 有关人力资源管理的各项政策策略及其有关说明；
3. 内部人力资源的供给与需求预测，外部人力资源情况与预测；
4. 人力资源净需求。人力资源净需求可在人力资源需求预测与人力资源（内部）供给预测的基础上求得，同时还应考虑到新进人员的损耗。

（二）配备计划

配备计划表示组织工作中长期内处于不同职务、部门或工作类型的人员的分布状况。组织中各个部门、职位所需要的人员都有一个合适的规模，这个规模是随着组织内外部环境和条件的变化而变化的。配备计划就是确定这个合适的规模以及与之相应的人员结构是怎样的，这是确定组织人员需求的重要依据。

（三）退休解聘计划

组织每年都会有一些人由于达到退休年龄或合同期满、组织不再续聘等原因而离开组织。在经济不景气、人员过剩时，有的组织还常常采取提前退休、买断工龄甚至解聘等特殊手段裁减冗员。在这些方面，组织都应根据人员状况提前做好计划。退休解聘计划包括：

1. 退休解聘的对象、时间、地点；
2. 经过培训是否可避免解聘；
3. 帮助裁减对象寻找新工作的具体步骤与措施；
4. 裁减的补偿；
5. 其他有关问题。

（四）补充计划

因为种种原因，例如组织规模的扩大、原有人员的退休、离职等，组织中经常会出现新的或空缺的职位，这就需要组织制定必要的政策和措施，以保证在出现职位空缺时能及时地获得所需数量和质量的人员，这就是人员补充计划。人员补充计划包括：

1. 需要人员的类别、数目、时间。
2. 特殊人力的供应与处理问题。
3. 从何处、如何招聘。
4. 拟定录用条件。这是招聘计划的关键。条件有工作地点、业务种类、工资、劳动时间、生活福利等。
5. 成立招聘小组。
6. 为招聘做广告与财务准备。
7. 制定招聘进度表。进度表包括：开始日期，招聘地点，选定并训练招聘人员，确定招聘准则，定出访问次数计划，做好活动预算。

（五）使用计划

使用计划的主要内容是晋升与轮换。晋升计划就是根据组织的人员分布状况和层级结构，拟定人员的提升政策。轮换计划是为实现工作内容的丰富化、保持和提高员工的创新热情和能力、培养员工多方面的素质，而拟订的大范围地对员工的工作岗位进行定期变换的计划。晋升表现为员工岗位的垂直上升，轮换则主要表现为员工岗位的平行变动。由于招聘对现有人员及士气均有一定程度的负影响，所以晋升和岗位轮换计划是人力资源规划中很重要的一项。包括：

1. 员工能否升迁，现有员工是否需要实行岗位轮换；
2. 现有员工经培训后是否适合升迁或实行岗位轮换；
3. 过去组织内的升迁与轮换岗位的渠道与模式；

4. 过去组织内的升迁渠道与模式的评价，以及它对员工进取心、组织管理方针政策的影响；

5. 现有员工升迁或岗位轮换的方式与方法。

（六）培训开发计划

组织通过培训开发一方面可以使组织成员更好地适应正在从事的工作，另一方面也为组织未来发展所需要的一些职位准备了后备人才。例如美国 IBM 公司，该公司对逐级推荐的 5000 名有发展前途的人员分别制订培训计划，根据可能产生的职位空缺和出现的时间，分阶段、有目的地培养他们，当职位空缺产生时，人员已经培训好了。培训计划与晋升计划、配备计划以及个人发展计划有密切的联系，培训的相当一部分工作应在晋升之前完成。培训开发计划包括：

1. 所需培训新员工的人数、内容、时间、方式、地点；

2. 现有员工的再次培训计划；

3. 培训费用的估算。

（七）职业计划

一个人的成长与发展只有在组织中才能实现，因此它不仅是个人的事，也是组织所必须关心的事。这里所说的职业计划，就是组织为了不断地增强其成员的满意感，并使其能与组织的发展和需要统一起来，而制定的协调有关员工个人的成长、发展与组织的需求、发展相结合的计划。其主要内容是组织对员工个人在使用、培养等方面的特殊安排。一般情况下，组织不可能也不必要为所有的员工都制订职业计划，职业计划的主要对象应是组织的骨干。职业计划包括：

1. 组织内员工的哪些人员需要做出职业规划及其目标；

2. 实现职业目标的步骤与方法；

3. 具体的骨干人员使用和培养方案。

（八）绩效与薪酬福利计划

这项计划的内容包括绩效标准及其衡量方法、薪酬结构、工资总额、工资关系、福利项目，以及绩效与薪酬的对应关系等。绩效与薪酬福利计划包括：

1. 组织的整体绩效与个人及部门绩效的关系；

2. 个人及部门的绩效标准及其衡量方法；

3. 组织实施现有的薪酬结构、工资总额、工资关系与福利项目及其优势与劣势；

4. 改进绩效与薪酬福利关系的具体措施与方法。

（九）劳动关系计划

即关于如何减少和预防劳动争议，改进劳动关系的计划。劳动关系计划包括：

1. 组织内有哪些显在或潜在的需要解决处理的劳动关系问题；

2. 分析上述问题产生的根源及其实质；

3. 提出减少和预防劳动争议、改进劳动关系的目标与措施。

（十）人力资源预算

以上各方面都或多或少地涉及费用问题，要在制定各项分预算的基础上，制定出人力资源的总预算。

上述十个方面是相互关联的。例如，培训计划、使用计划都可能带来空缺岗位，因而需要补充人员；补充计划要以配备计划为前提；补充计划的有效执行需要有培训计划、薪酬福利计划、劳动关系计划来保证；职业计划与使用计划相辅相成等等。

三、人力资源规划的作用

"人无远虑，必有近忧。"在现代管理中，人力资源规划越来越显示出其重要作用。

（一）人力资源规划能加强组织对环境变化的适应能力，为组织的发展提供人力保证。环境的变化决定了组织的人力资源供求也是不断变化的。一个组织，如果不预测其各个发展阶段所需的人力资源，并提前做好必要的准备，则合乎组织需要的人员的短缺将难以避免。如果组织短缺的是低技能人员，那还可能通过临时招聘和短期培训来获得；但如果短缺的是高技能人员，特别是与组织独特生产技术密切相关的人员，则仅仅靠临时招聘就难以奏效了，必须依赖于人力资源规划。通过制定人力资源规划，组织就能及时地引进所需要的人力和对现在的人员结构进行调整，从而更好地适应环境的变化，保证组织的发展。

（二）有助于实现组织内部人力资源的合理配置，优化组织内部人员结构，从而最大限度地实现人尽其才，提高组织的效益。人力资源规划着眼于发掘人力资源的潜力，谋求改进人员结构、人员素质，从而改变人力资源配置上的浪费和低效现象。有些单位不重视对本单位已有人才的培养和使用，却以高成本从外面引进"人才"，而引进后又冷冻起来不充分使用，结果组织内人浮于事的现象日趋严重，新人旧人都感到有力无处使，这是对人力资源的极大浪费。通过制定人力资源规划，组织就可以发现这方面的弊端并及时采取措施，从而提高人力资源管理的效益。

（三）对满足组织成员的需求和调动职工的积极性与创造性有巨大的作用。职工的需求要靠组织来满足，它包括职工个人的物质利益和精神需求。人力资源规划展示了组织内未来的发展机会，充分考虑了职工个人的职业生涯发展，这就使职工对自己可以得到满足的需求和满足的水平能够做到心中有数。这样，当组织所提供的与职工自身所需求的大致相符时，职工就会去努力追求，从而在工作中表现出主动性与创造性；否则，在其前途和利益未知的情况下，职工往往会下决心离开组织另谋高就，特别是那些有能力的人。而有能力人员的过多流失，又会削弱组织的实力、降低组织的士气，从而进一步加速人员的流失，使组织进入恶性循环。有些组织靠行政约束为人员流动设置障碍，试图限制人员流失，这种方法虽然能暂时留住人才，但不是长久之计，是不足取的。

第二节　人力资源需求、供给预测与平衡

对人力资源供给和需求的预测是人力资源规划的重要环节，而对人力资源需求和供给的科学预测方法的选择，又是保证人力资源规划准确性的前提。

一、人力资源需求预测及其主要方法

人力资源需求预测受许多因素的影响，组织外部影响因素有：

（1）宏观人事政策的变化。

（2）产业结构的发展情况。

（3）劳动力市场的变化。

组织内部影响因素有：

（1）组织的财务资源对人力资源需求的约束，根据未来人力资源总成本可以推算人力资源的最大需求量。

（2）未来的生产经营任务和发展计划对人力资源的要求，根据生产因素的可能变动情况预测人力资源需求。

（3）组织的业务量或产量，现有员工的工作情况、定额和工作负荷情况。

（4）预期的员工流动率，即由辞职、解聘、退休等引起的职位空缺规模。

（5）提高产品或劳务的质量或进入新行业的决策对人力资源需求的影响。

人力资源需求预测主要有以下几种方法。

（一）德尔菲法

德尔菲（Delphi）法是一种简单、常用的主观判断预测方法，它起源于19世纪40年代美国的兰德公司。这种方法是由有经验的专家或管理人员对某些问题的分析或管理决策进行的直觉判断与预测，其精度取决于预测者的个人经验和判断力，也称"专家征询法"或"集体预测法"。专家包括组织外部和内部对所研究问题有发言权的所有人员。

德尔菲预测技术的操作方法是：首先，将需要咨询的内容写成若干条意义十分明确的问题，寄给专家，请他们以书面的形式回答。专家在背靠背、互不通气的情况下回答问题。其次，将各位专家的意见集中归纳，并反馈给他们，请每个专家根据归纳的结果重新考虑答案。专家可以修改自己的预测，并说明修改的原因。然后，再将修改的结果寄回，经过三到四次的反馈，专家的意见趋于集中。最后，经过数据处理，得出最终结果。由于这种方法是在每个专家均不知除自己以外的其他专家的任何情况下进行的，因而避免了人际关系、群体压力等的缺点，也解决了难以将专家集中在一起的问题。这种方法由于简单可靠而被广泛运用。

在运用德尔菲法进行人力资源需求预测的过程中，组织应注意以下问题：

1. 提供充分且完备的信息，包括已经收集的历史资料和有关的统计分析结果，使预测者能够做出准确判断。

2. 所提出的问题尽可能简单，以保证所有专家能够从相同角度理解相关概念。

3. 所提出的问题应该是专家能够答复的，或在其专业特长之内的问题。

4. 问题的回答不要求太精确。例如，在人力资源需求预测时，可以不问人力需求的总体绝对数量，只问变动的百分比或某些专业人员的预计变动数量。预测者可以粗略估计数字，但要说明数字的可靠程度。

德尔菲法的难点在于如何提出简单明了的问题和如何将专家的意见归纳总结。对此，可采用名义小组讨论法弥补不足，即请各位专家或有经验的现场管理人员组成一个小组，每人根据现有的信息与资料，列出一张问题清单，组织将所有问题一一列出，请各位专家归纳。

（二）成本分析预测法

人力资源成本分析预测法是从成本约束的角度进行人力资源需求预测。其公式如下：

$$NHR = \frac{TB}{(S+BN+W+O) \cdot (1+a\% \cdot T)}$$

其中，NHR 是指未来一段时间内需要的人力资源，TB 是指未来一段时间内人力资源的预算总额，S 是指当前人均工资，BN 是指当前人均奖金，W 是指当前人均福利，O 是指当前人均其他支出，$a\%$ 是指组织计划每年人力资源成本增加的平均百分比，T 是指预测年限。

例如，某公司 3 年后人力资源预算总额是 1200 万元／月，目前人均工资是 2700 元／月，人均奖金是 500 元／月，人均福利是 800 元／月，人均其他支出是 200 元／月。公司计划人力资源成本每年增加 3%，预测 3 年后所需的人力资源数量。

根据公式，TB=12000000，S=2700，BN=500，W=800，O=200，$a\%$=3%，T=3

$$NHR = \frac{12000000}{(2700+500+800+200) \times (1+3\% \times 3)} = 2621(人)$$

根据人力资源成本分析法可以预测该组织 3 年后所需的人力资源数量为 2621 人左右。

人力资源成本分析法简单，易于操作。但该方法着眼于人力资源的成本约束，需要结合其他的预测方法，方能克服其趋于保守的组织经营理念。

（三）趋势分析预测法

人力资源趋势分析预测法与成本分析预测法有相似之处，其公式如下：

$$NHR = a \cdot [1+(b\%-c\%) \cdot T]$$

其中，NHR 是指未来一段时间内需要的人力资源；a 是指现有的人力资源；$b\%$ 是指组织计划年均增长的百分比；$c\%$ 是指组织计划人力资源发展与实际发展的百分比差异，主要体现组织在未来发展中人力资源效率的提高程度；T是指预测年限。

例如，某公司目前的人力资源是780人，计划平均每年以15%的速度发展，计划人力资源发展与组织发展的百分比差异是10%，3年后需要多少人力资源？

根据公式，$a = 780$，$b\% = 15\%$，$c\% = 10\%$，$T = 3$

$$NHR = 780 \times [1 + (15\% - 10\%) \times 3] = 897(人)$$

因此，用人力资源趋势分析预测法可以预测3年后该公司需要897人。

在实际应用中，趋势分析预测法和人力资源成本分析法结合使用，既考虑了组织的未来发展，也分析了组织的支付能力，可以收到很好的效果。

（四）工作负荷法

工作负荷法即按照历史数据，先计算出对某一特定工作的单位时间（如每年）的人均工作负荷量（如产量），再根据未来的生产量目标计算出所要完成的总工作量，然后根据前一标准折算出所需的人力资源数。工作负荷法的公式为：

$$NHR = \frac{TP}{XP}$$

其中，NHR是指未来一段时间内需要的人力资源，TP是指预测期的总工作量目标，又P是指人均单位时间工作负荷量。

（五）回归分析法

回归分析方法是根据数学中的回归原理对人力资源需求进行预测的一种方法，包括趋势外推法和多元回归分析预测法等。

1. 趋势外推法

趋势外推法是根据组织整体或各个部门以往员工数量的变动趋势，预测未来的人力需求量的方法。该方法实际是指以时间因素作为解释变量，预测者首先要掌握过去一段时间的历史数据资料，根据历史数据用最小平方法求得趋势线，再将趋势线延长，即可预测未来的需求数值。

例如，某公司在过去12年里的人力资源数量变化如表3-2所示。

表3-2 某公司人力资源的数量变化

年度	1	2	3	4	5	6	7	8	9	10	11	12
人数	510	480	540	570	600	640	640	720	770	820	840	930

利用最小平方法，求直线方程，即

$$y = a + bx$$

其中：

$$a = \bar{y} - b \frac{\sum_{i=1}^{n} x}{n}$$

$$b = \frac{\sum_{i=1}^{n}(x_i - \bar{x})(y_i - \bar{y})}{\sum_{i=1}^{n}n(x_i - \bar{x})^2}$$

$$\bar{y} = \frac{\sum_{i=1}^{n} y_i}{n}$$

$$\bar{x} = \frac{\sum_{i=1}^{n} x_i}{n}$$

$a = 390.7 \quad b = 41.3$

根据上式，可预测未来第三年的人数为：

$y = 390.7 + 41.3 \times 15 = 1010(人)$

2. 多元回归分析预测法

与趋势外推法不同，多元回归分析法是一种从事物变化的因果关系进行预测的方法。它将多个因素作为自变量，运用事物之间的各种因果关系，根据自变量的变化推测与之相关的因变量变化。根据该方法，找出人力资源的需求随各因素变化的趋势，就可对人力资源需求情况做出预测。它包括五个操作步骤：

第一步：确定适当的与人力资源需求量有关的组织因素，组织因素应与组织的基本特征直接相关，而且它的变化必须与所需的人力资源需求量的变化成比例。

第二步：找出历史上组织因素与员工数量之间的关系。例如，学校中学生与教师的比例关系，医院中病人与护士的比例关系等。

第三步：计算劳动生产率。

第四步：确立劳动生产率的变化趋势以及对趋势的调整。在确定过去一段时间内劳动生产率的变化趋势时，必须收集该时期的产量和劳动力数量的数据，以此预测出平均每年生产率的变化和组织因素的变化，这样就可预测下一年度的变化。

第五步：预测某一年人员的需求量。

多元回归预测分析法由于考虑了组织内外多个因素对人力资源需求的影响，较之趋势预测等方法，预测结果相对准确，但使用复杂。

（六）转换比率分析法

人力资源需求分析实际上是预测未来的经营活动所需要的各种员工的数量。人力资源预测中的转换比率是首先估计组织需要的关键技能员工的数量，再根据这一数量来估计财务人员和人力资源管理人员等辅助人员的数量。转换比率分析法的精确性有赖于三个因素：关联方之间关系的强度、关系提炼方法的精确性以及这种关系在将来继续保持的程度。

经营活动规律的公式如下：

经营活动所需人员的数量 = 人力资源数量 × 人均生产率

销售收入 = 销售员的数量 × 每位销售员的销售额

这种方法的目的是将组织的业务量转换为人力资源的需求量，是一种适用于短期需求预测的方法。转换比率方法假定组织的劳动生产率是一个常量，如果考虑到劳动生产率的变化对员工需求量的影响，可以使用如下公式计算需求量：

计划期所需员工数量 =（目前业务量 + 计划期业务量的增长量）/[目前人均业务量 ×（1+ 生产率增长率）]

例如，某公司人力资源部汇总各部门提出的部门秘书需求人数，发现除了各事业部、一级部门各报需求部门秘书1人外，公司技术研究院的11个研究部各报部门秘书需求人数1人。根据部门秘书职责，调查历史数据得出部门秘书需求与研究开发人员的比率为1：60。根据技术研究院现有开发人员420人，利用转换比率分析法，得出技术研究院秘书需求人数为：

420 × 1 ÷ 60=7（人）

因此，人力资源部可以将技术研究院各研究部的秘书需求人数合并为7人。

（七）经验判断法

经验判断法包括管理部门法和基层分析法两种方法。

（1）管理部门法，即通过组织内部的各个管理部门根据本部门现状和未来的发展情况，并考虑过去的经验体会，进行综合评价来预测人力资源的未来情况。例如，管理者可根据前期的任务完成情况，来预测未来某段时期内，增加相同的任务量将需要增加多少员工。也可以预测未来某段时期内，本组织内将有哪些岗位上的人将会调离，如晋升、退休、辞退、调动、降职等，这些岗位需要多少人员替补。但这种方法有一定的局限性，一般只适用于市场销售情况较为稳定的企业，但在实际生产经营管理活动中，相对稳定的市场并不多见。另外，即使是短期内较为稳定的市场也会面临一些潜在的危机，管理部门也不得不考虑这方面的问题并提前做出决策。

（2）基层分析法，即由组织内部下属的各部门和基层单位，根据各自的生产任务状况、技术设备状况和人员配置状况，对本部门的人力资源需求进行初步的预测，在基层预测的基础上，组织的职能部门（通常是人力资源部）再对基层的预测数据和结果进行专门的分析和处理，最终形成组织对人力资源需求的总体预测。这种分析法比较简便，适用的前提条件是必须要对基层的预测予以指导和监控，以期尽量获得准确的结果。这种方法适用于中短期预测。

上述各种方法和模型，都是以现在的或者过去的组织业务量和员工之间的关系为基础的，适用于与预测有共同特征的员工的需求，前提条件也相当得刻。因此，运用这些方法取得结果的精确性就有赖于对各项变量之间关系的有效程度和这种关系在将来继续保持下去的程度。如果员工的数量不仅取决于业务量或者某一个因素，就需要采用多元回归分析方法。此外，我们注意到人力资源规划的一个关键因素就是预测劳动力需求和离职情况，人员减少量是辞职人数、解雇人数、调离人数和退休人数的总和。离职率可以采用适应性预期的方法计算，在预测员工离职的规模时，还应区分不可控制的和可以控制的两种情况，以及随时间变化的各个不同工作岗位上员工正常的流动率。由于我们所采用的方法都是理想化的情况，即以各变量的内在关系相对稳定或者函数关系稳定为前提，但这往往与现实不符，还需管理人员加入主观判断后进行修正。因为，有时生产技术水平的提高和管理方式的改进会减少对人力资源的需求，所以这是单纯的数量分析难以反映的。

以上均为人力资源数量上的需求预测，在实际工作中还要根据工作分析对人力资源作质量上的预测，如学历、专业、技术职称、年龄、性别、能力、资历要求等。

二、人力资源供给预测

人力资源的供给预测和需求分析的一个重要差别在于：需求分析仅研究组织内部对人力资源的影响，而供给分析则需要研究组织内部和外部两个方面，因此，不确定性因素较多。人力资源供给分析需要注意的是，首先，组织需要考察现有的人力资源存量，假定组织现行的人力资源管理政策保持不变，对未来的人力资源供给数量进行预测；其次，在预测过程中，组织需要考虑内部的晋升、降级、调配等因素，还要考虑到员工的辞职、退休、被开除等因素的影响；最后，得到的预测结果不应仅仅是员工的数量，而应该是员工规模、经验、能力、人工成本等各个方面的综合反映。

（一）人力资源内部供给分析

人力资源内部供给的思路是，在确定现有人力资源存量的基础上估计下一个时期内各个工作岗位上留存的员工数量，因为其间会有员工调离原来的岗位，或者离开组织。鉴于实际情况比较复杂，在进行内部人力资源供给预测时，需要人力资源规划人员的主观判断和修正。常用的内部人力资源供给预测的方法有：

1. 技能清单。技能清单是一个用来反映员工工作记录和能力特征的列表。这些能力特征包括培训背景、以往的经历、持有的证书、已经通过的考试、主管的能力评价等。技能清单是对员工实际能力的记录，可帮助人力资源规划人员估计现有员工调换工作岗位的可能性以及确定哪些员工可以补充当前的岗位空缺。表3-3是一个技能清单的示例。

技能清单的一般用途，包括晋升人选的确定，管理人员接续计划，对特殊项目的工作分配、工作调配、培训、薪资奖励计划、职业生涯规划和组织结构分析等。成员频繁调动、经常组建临时性团队或项目组的组织，技能清单中应该包括所有员工。而那些主要使用技能清单来制定管理人员接续计划的组织，可以只包括管理人员。

表3-3 技能清单示例

姓名：	部门：	到职日期：	来源：	出生年月：	最高职称：
教育背景	类别	学位种类	毕业日期	学校	主修科目
	高中				
	大学				
	硕士				
	博士				
训练背景	训练主题		训练机构		训练时间
技能	技能种类			证书	
评价					
需要何种培训	改善目前的技能和绩效：				
	提高晋升所需要的经验和能力：				
目前可晋升或流动至何岗位					

2. 人员核查法。人员核查法是通过对组织现有人力资源的数量、质量、结构和各职位上的分布状态进行核查，从而掌握组织可供调配的人力资源拥有量及其利用潜力，并在此基础上，评价当前不同种类员工的供应状况，确定晋升和岗位轮换的人选，确定员工特定的培训或发展项目的需求，帮助员工确定职业开发计划与职业通路。

运用人员核查法的前提是组织应建立人力资源信息系统。在小型组织，技能清单或手工的档案管理就可以有效地提供相关信息，而在规模大的组织，人事资料很难通过人工管理，需要采用计算机信息系统，将工作经验代码、产品知识、行业工作经验、训练课程、语言能力、调职意愿限制、前程抱负和绩效评估结果等重要信息记录到管理信息系统之中。

3. 人员替代法。人员替代法是通过一张人员替代图来预测组织内的人力资源供给情况。在人员替代图中要给出部门、职位名称、在职员工姓名、职位（层次）、员工绩效与潜力等各种信息（如图3-2所示），以此来推测未来的人力资源变动趋势。马尔可夫转移矩阵的基本假定是，组织内部的员工流动模式与流动比率会在未来大致重复，即在一定的瞬间段中，从某一状态（类）转移到另一状态（类）的人数比例与以前的比例相同，这个比例称为转移率，以该对间段的起始时刻状态的总人数的百分值来表示。转移矩阵实际上指的是转移率矩阵，通过描述组织员工流入、流出及内部流动的整体形式，为人力资源的内部供给预测提供基础。

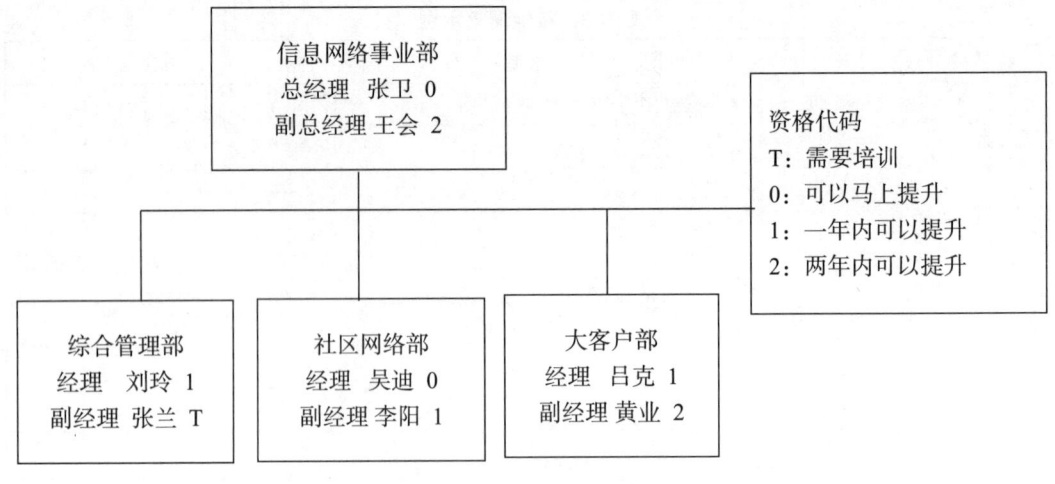

```
┌─────────────────────────┐
│     信息网络事业部        │
│     总经理  张卫  0       │         ┌──────────────────┐
│     副总经理 王会  2      │         │    资格代码       │
└─────────────────────────┘         │   T：需要培训     │
         │                           │   0：可以马上提升 │
         │                           │   1：一年内可以提升│
                                     │   2：两年内可以提升│
                                     └──────────────────┘
```

┌──────────────┐ ┌──────────────┐ ┌──────────────┐
│ 综合管理部   │ │ 社区网络部   │ │   大客户部   │
│ 经理 刘玲 1 │ │ 经理 吴迪 0 │ │ 经理 吕克 1 │
│副经理 张兰 T │ │副经理 李阳 1 │ │副经理 黄业 2 │
└──────────────┘ └──────────────┘ └──────────────┘

图 3-1 人员替代法示意图

4）马尔科夫模型

马尔科夫模型用来预测组织在各时段上（一般为一年）各类人员的分布状况。模型要求：在给定时间段内，各类人员有规律地从低一级向高一级职位转移，转换率是一个固定的比例，或者根据组织职位转移变化的历史分析推算。如果各类人员的起始数、转移率和未来补充人数已给定，则组织中各类人员分布就可以预测出来。它是一个动态的预测技术，其基本思想是找出过去人力资源变动的规律，推测未来人力变动的趋势。不过该种模型的精确度和可行性并没有定论，只是一种较为理想化的情况。马尔科夫预测方法不仅可以处理员工类别单一的组织中的人力资源供给问题，同样也可解决员工类别复杂的大型组织中的内部人力资源供给预测。马尔科夫模型的基本表达式为：

$$n_i(t) = \sum_{j=1}^{k} n_j(t-1) \bullet P_{ji} + r_i(t)$$

其中 $n_i(t)$ ——时刻 t 时 i 类的人数；

P_{ji} ——从 j 类向 i 类转移的转移率；

$r_i(t)$ ——在时间 $(t-1,t)$ 内 i 类所补充的人数；

$i = 1, 2, \ldots,$

（各类之间的人员转移矩阵）

$$p = \begin{pmatrix} p_{11} & p_{12} & \cdots & p_{1k} \\ p_{21} & p_{22} & \cdots & p_{2k} \\ \cdots & \cdots & \cdots & \cdots \\ p_{k1} & p_{k2} & \cdots & p_{kk} \end{pmatrix}$$

表 3-4 绘制的是一个人员变动矩阵表，表中的每一个元素表示在一个特定时期内两个工作之间员工调动数量的历史平均百分比，即每一种工作的人员变动概率，一般以 5 到 10 年的长度为一个周期，周期越长，百分比的准确性越高。将计划初期每种工作的人

员数量与相应的人员变动概率相乘，然后纵向相加，就可得到组织内部未来劳动力的净供给量。

例如，某工厂有经理（M）、车间主任（D）、班组长（G）、技术工人（W）等岗位。其初始人数和转移矩阵见表3-4A。表中表明，在任何一年里，有80%的经理仍在原岗位上，20%的经理离开工厂；有70%的车间主任仍在原岗位，10%被提升为经理，20%离职；有80%的班组长仍在原岗位，5%的班组长被提升为车间主任，5%被降为技术工人，10%的班组长离职；有89%的技术工人仍在原岗位工作，1%的工人被提升为班组长，10%的技术工人离职。

用上述历史数据代表每一类人员转移流动的转移率，就可以推算出人员变动情况，从而得到该组织下一年的各类人员的供给量。具体数据如表3-4B所示。

表3-4A 某厂四类人员转移率

初始人数		M	D	G	W	离职
10	M	0.8	-	-	-	0.2
20	D	0.1	0.7	-	-	0.2
40	G	-	0.05	0.8	0.05	0.1
500	W	-	-	0.01	0.89	0.1

表3-4B 某厂四类人员预测供给量

初始人数	M	D	G	W	离职
10	8	0	0	0	2
20	2	14	-	-	4
40	-	2	32	2	4
500	-	5	5	445	50
合计	10	16	37	447	60

根据表3-4B，预测该组织下一年度经理人数不变，仍为10人，车间主任由20人下降到16人，班组长由40人下降到37人，技术工人由500人下降到447人。因此，组织人力资源部门应预先对组织人力资源供给做出计划，确定下一年度是加大内部提升的力度，还是通过外部招聘的方式补充人力资源缺口。

马尔科夫方法是一种定量预测方法，应用广泛，其最大价值是为组织提供了一种理解人力资源流动形式的分析框架，但对其准确性和可行性尚存疑义。

（二）人力资源外部供给预测

任何组织对人力资源的需求不仅限于内部提拔，还要考虑从外部招募。因此，进行人力资源外部供给预测十分必要。在人力资源外部供给预测时，需要考虑下列因素：

（1）本地区的人口总量与人力资源供给率。这一比率决定了该地区可提供的人力资源总量。当地人口数量越大，人力资源供给率越高，人力资源的供给越充裕。

（2）本地区的人力资源总体构成。该指标决定了在年龄、性别、教育、技能、经验等层次与类别上可提供的人力资源的数量与质量。

（3）总体经济状况。在考虑人力资源外部供给时，需要对总体经济状况和未来可能出现的失业率进行预测。一般情况下，失业率与外部劳动力供给成正相关，即失业率越高，

（4）地方劳动力市场状况。组织要着力对所在地的劳动力市场和就业状况进行预测，因为组织大量的人力资源供给来自当地。

（5）本地区同一行业劳动力供求状况。包括本行业劳动力的平均价格、与外地市场的相对价格、当地的物价指数等，都会对组织的人力资源外部供给产生影响。

（6）职业市场状况。职业市场特指组织所需要的人员市场的状况。例如，财务人员、研发人员、人事管理人员等相关的劳动力市场。职业市场中劳动力的择业心态与模式、工作价值观、同行业其他组织对人力资源的需求等，直接影响组织人力资源的外部供给。

此外，与内部供给预测分析一样，外部供给分析也需要研究潜在员工的数量和能力等。组织根据以往的录用经验可以了解进入组织的员工数量，以及新进员工的工作能力、经验、性别和成本等方面的特征。

三、组织人力资源供求平衡

组织完成人力资源供需预测以后，就可以确定对劳动力的净需求。制定人力资源规划的一个主要目的是为了保持组织内部的人力资源达到平衡，达到净需求。组织平衡劳动力资源有两种人事政策，一类是解决人力资源缺乏的政策，另一类是处理冗员的政策。

（一）人力资源缺乏时的政策（供不应求）

在组织劳动力不足的情况下，人力资源管理部门通常可能从三个方面提高生产能力。第一是增加机械与设备的生产能力，替代劳动力的不足；第二是提高目前员工的生产能力或增加劳动强度；第三是通过各种方式增加人手，完成生产任务。组织内部具体的方法主要有：

1. 对组织各部门的人员结构重新调整，将人员补充到空缺岗位；
2. 实行加班加点方案，延长工作时间；
3. 培训员工，掌握需要的能力与知识；
4. 提高设备的工作效率；
5. 从组织外部调进、招聘、借调、租赁、兼职人员；
6. 将部分工作交给其他公司完成；
7. 增加新设备，提高工作效率。

（二）人力资源富余时的政策（供大于求）

在近几年中，大量组织正在经历规模减缩和再组织的过程。组织发现员工太多，人员结构失调，低技术的员工多，技术人员、管理人员少，需要采用减少人员的政策。在组织相对超员的情况下，组织可通过减少每个员工的工作量、降低工资费用或解雇等方式控制劳动力需要及有关费用的增加。具体方法主要有：

1. 提前退休；
2. 临时解聘、鼓励停薪留职；
3. 鼓励员工辞职；
4. 员工交人才交流中心或托管中心管理；
5. 降低工资；
6. 减少福利；
7. 培训员工；
8. 扩大业务量。

第三节　人力资源规划的程序与编制

一、人力资源规划的程序

人力资源规划是一个系统的程序，包括明确组织的发展战略与目标，分析组织的人力资源现状、预测人员需求、预测人员供给、制订行动方案、控制与评价计划六个阶段，其中预测人员需求、预测人员供给和平衡组织人力资源供需是计划的关键步骤。

（一）明确组织的发展战略与目标

组织的人力资源规划应该服务于组织发展战略目标。在制订人力资源规划时首先要明确组织发展的战略和目标以及组织为完成这些目标需要的组织能力。例如，一个组织采取低成本战略时，人力资源规划应与之配合，制定以严格控制成本为目标的人力资源规划，采用聘请成本控制专家、分析现有员工需求、合并工作岗位、提高工作效率、减少劳动成本和费用、解聘多余人员等一系列具体方案。当一个组织决定向电子商务领域发展时，人力资源规划应该说明组织需求电子商务专业人员的数量与结构，说明这些专业人员在组织内部与外部的供给情况，说明通过什么方式使员工在数量与结构上满足组织需要。组织人力资源规划建立在组织发展目标的基础之上，它保证组织有效地实施发展战略。

（二）分析现有人力资源现状

这一步骤是掌握组织现有的人力资源库存及职务现状，一般通过分析组织人事档案或人力资源数据库，了解这些人力资源管理基础信息。人事数据库涵盖的内容极为广泛，内容一般包括员工的姓名、性别、出生年月、出生地、工作年限、技术等级、工作经历、教育背景、培训及证书、外语能力、绩效评估、薪酬福利等内容。对组织人力资源现状分析的重点是了解目前各种类员工的规模、变动情况、知识结构、工作能力、技术和经验专长等方面的特点。

（三）预测人力资源的需求量

人力资源规划的第三步是预测在某段时期组织需要人员的类型和数量。组织对劳动力的需求受到各种因素的影响。例如组织着手引进高新科技，改造生产流程时，可能会减少作业工人数量，增加对技术人员的需求。预测人员需求量就是确定某些因素的变化将对人员需求产生什么样的影响。

（四）预测人力资源的供应量

人力资源规划的第四步是预测劳动力的供给量，即通过分析所需人员的供给情况，确定能向组织提供此类人员的数量与来源。人力资源供给分组织内和组织外两个来源，组织内、外部的环境对这两种人员供给源都产生影响。例如组织内部的工资率、人事政策和工作环境等因素，组织外部的劳务需求、就业规模等变化都会影响到内部人员是否继续留在组织服务或外部劳力是否愿意进入组织服务。

（五）确定组织人员的净需求，制订行动方案

人力资源规划的第五步是在组织对劳动力需求与供给分析以后，确定组织人员净需求，即说明实际需要的劳动力数量与结构，同时制定具体的人事工作方案。这一步骤以人事数据库和人员的供求信息为依据，编写满足现在与将来人员需求的各种政策，具体的人员维持、扩张和缩减等工作计划。例如通过制定奖金制度、福利政策吸引员工留存组织内；通过人员招聘、调动、培训等计划增加人员的有效供给；或者制订提前退休、临时离职或分享工作等计划裁减人员。此外，人力资源规划还可包括职工保健、安全生产等劳动力维护计划。

表 3-5　人力资源净需求评估表

		第一年	第二年	第三年	第四年	第五年
需求	1. 年初人力资源需求量	120	140	140	120	120
	2. 预测年内需求增加	20	-	-20	-	-
	3. 年末总需求	140	140	120	120	120
内部供给	4. 年初拥有人数	120	140	140	120	120
	5. 招聘人数	5	5	-	-	-
	6. 人员损耗	20	27	28	19	17
	其中：退休、	3	6	4	1	3
	调出或升迁、	15	17	18	15	14
	辞职、	2	4	6	3	-
	辞退或其他	-	-	-	-	-
	7. 年底拥有人数	105	118	112	101	103
净需求	8. 不足或有余	-35	-22	-8	-19	-17
	9. 新进人员损耗总计	3	6	2	4	3
	10. 该年人力资源净需求	38	28	10	23	20

表3-6 按类别的人力资源净需求

主要工作类别（按职务分类）	现有人员	计划人员	余缺	预期人员的流失							本期人力资源净需求
				调职	升迁	辞职	退休	辞退	其他	合计	
1. 高层主管											
2. 部门经理											
3. 部门管理人员											
……											
合计											

（六）评价人力资源计划

评价人力资源规划的目的在于了解人力资源规划对组织经营的影响。它是规划的重要一环，能对人力资源规划做出恰当的反馈，也可以确定人力资源规划的效益有多大。在评估人力资源规划时，组织应该注意：人力资源规划应当反映组织内部目标或外部目标的变化；必须明确有什么部门或谁承担的相应责任及必要的职权；为保证有效地完成规划，规划应有适当的弹性，给予执行人员一定的独立决策权；最后应当考虑人力资源规划与其他经营计划的相关性。此外，人力资源管理部门还必须追踪规划的执行，并反馈规划的运作结果，及时修正规划。

例如，柯达公司作为一家国际大公司，其人力资源规划的目标是保持组织的组织能力。组织能力是指组织在经营中维持竞争优势，适应环境变化所必需的能力。在这一前提下制定人力资源规划的第一步是定义组织能力，由各直线经理与人力资源经理共同分析与确定为完成预定的战略目标，公司必须具备什么样的能力。第二步是了解每项组织能力与具体人力资源业务的关系，具体分析人员配置、培训、绩效评估和报酬系统等对开发组织能力有什么样的促进作用。第三步是将这些能力进行整合，建立人力资源规划。第四步是设计执行方案，描述人事经理和经理们的责任工作时间表。职能经理与人力资源经理共同完成人力资源规划的制定与实施。

二、人力资源规划的编制

人力资源规划的编制流程如图 3-2 所示。

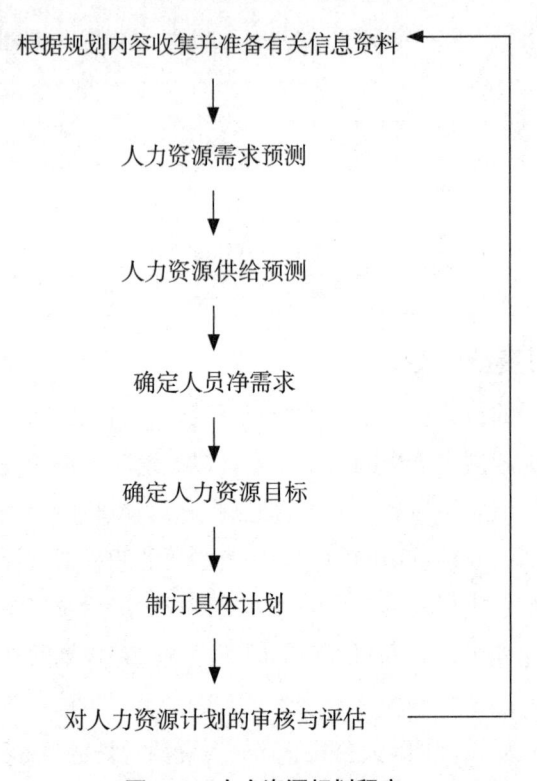

```
根据规划内容收集并准备有关信息资料 ←┐
           ↓                      │
      人力资源需求预测              │
           ↓                      │
      人力资源供给预测              │
           ↓                      │
       确定人员净需求               │
           ↓                      │
      确定人力资源目标              │
           ↓                      │
        制订具体计划                │
           ↓                      │
   对人力资源计划的审核与评估 ──────┘
```

图 3-2 人力资源规划程序

第四章 识人技术

第一节 人性探索

  人力资源管理总是在对人一定的认识与评价基础上，再对人实施管理，即用人必先识人。事之至大，莫如识人；事之至难，莫如知人。人是有思想、有感情、能动性强的动态资源，人的心理与行为难以预测，人可以创造世界也可以破坏世界，正所谓人心难测。

  人是什么？人的本质或本性是什么？这是一个古老而新颖、平常而深奥的课题。古今中外的哲学家、思想家们对此进行了不懈的探讨。古希腊有一个神话叫斯芬克斯之谜：有一个狮身人面女妖叫过路人猜谜，告知猜不中都要被她吃掉；猜中了，她即自杀。谜面是，什么东西在早晨用四条腿走路，中午用两条腿走路，晚上用三条腿走路？不知有多少人因猜不中而成了女妖的腹中之物。后来，古希腊英雄俄狄浦斯揭开了谜底，这就是人。人在婴儿时用四肢爬行，稍长后用两条腿走路，老年时拄一拐杖就成了三条腿。谜底被揭示后，女妖大喊一声，滚下山去，自杀身亡。这个神话只回答了"这个东西是人"。但到底"人是什么"？在漫长的历史时期里，许多哲学家进行大量探讨。亚里士多德认为人是"陆栖两脚动物"。欧洲中世纪宗教界认为，人没有独立的本性，人是上帝造出来的，上帝也就是人的本性。近代资产阶级学者反对把人视为上帝，主张还其自然，认为人是有血有肉的、有着各种欲望并应得到享受的。英国哲学家培根认为，人不过是自身的仆役和翻译员。法国哲学家拉美利特认为，"人是一架复杂的机器"。德国哲学家费尔巴哈认为，人不是上帝的作品，而是自然界的产物，人的本质不是上帝而是他自身，"理性、爱和意志力"是人的本质。在这一切探索中，达尔文的进化论作了科学的阐明：人是由古猿进化而来的，而古猿又是由更低级的动物经过更长的时间进化而来的。

一、西方人性论

  认识人的本质或本性，是管理学科的重要问题。西方学术界提出四种人性假说，下面我们逐一剖析。

（一）"经济人"假说

  "经济人"，又称"唯利人""实利人"。"经济人"假说认为，经济活动的动力来源于改善自己经济状况的愿望。人的行为是为了追求本身的最大利益，工作是为了取得经济报酬。这是传统管理学对人的看法。"经济人"假说的代表人物是泰勒。美国心理学教授麦格雷戈尔把传统管理学对人的看法及"经济人"假说称为 x 理论，并把 x 理论的主要内容概括为：人生来就是懒惰的，总想尽量逃避工作，一般人不愿负任何责任，宁愿被别人指挥和引导。人生来以自我为中心，对组织目标漠不关心，缺乏理性，本质上不能自律，易受他人影响。一般人都是为了满足自己的生理、安全需要而参加工作的，只有金钱和其他的物质利益才能激励他们努力工作。

据此，对于"经济人"的管理，工作重点是完成生产任务，提高劳动生产率，无须关心人的感情和愿望。组织应以金钱刺激员工的生产积极性，同时，对消极怠工者采取严厉的惩罚措施，用权力和控制手段来保护组织本身及引导员工为其工作，制订各种严格的工作规范，加强各种法规管理。管理是少数人的事，与广大员工无关，员工的责任就是干活，服从管理者的指挥。

（二）"社会人"假说

"社会人"，又称"社交人"。"社会人"假说认为，人们工作的动机不只在于经济利益，还追求全部社会需求，愿意在社会关系中寻求乐趣和意义；物质刺激对调动人的积极性，只有次要意义，只有社会需要和尊重需要才能激发工作的动力。这种重视社会需要和尊重需要，而看轻物质利益和经济实惠的人即为"社会人"。

据此，管理人员对"社会人"的管理不应只注意完成生产任务，而应把注意的重点放在关心、满足人的需要上。管理人员不能只注意计划、组织、指挥和控制，而更应该重视职工之间的关系，培养职工的归属感，提倡集体的奖励制度，不主张个人奖励。管理人员不应只限于限定计划、组织工序、检验产品等，而应在职工与上级之间起联络沟通作用。他们既要听职工的意见和要求，了解职工的思想感情，又要向上级呼吁、反映，即让职工或下级在不同程度上参与企业的决策。

（三）"自我实现人"假说

"自我实现人"，又称"自动人"。它是由柯吉利斯、马斯洛、麦格雷戈尔等美国心理学家提出的一种人性观，其中影响最大的是马斯洛。"自我实现人"是指人都需要发挥自己的潜力，表现自己的才能，实现自己的理想，只有人的潜力充分发挥出来，人才会感到最大满足。

据此，对"自我实现人"应改变管理工作的重点："经济人"假说把管理的重点放在生产管理上，只重视物和工作任务，轻视人的作用和社会关系；"社会人"假说把管理的重点放在满足人的社会和心理需要上，只重视人的作用和人际关系，把物质因素放在次要地位；而"自我实现人"假说，则把注意力转移到工作环境上，就是要创造一个适宜的工作环境和工作条件，使人们在此条件下充分发挥自己的能力和潜力，实现自我。

综上可见，"自我实现人"假说，是建立在认为人是勤奋、有才能、有潜力的基础上的，因而提出了与"经济人""社会人"假说截然不同的管理主张,将其概括成一句话即为:"人之初,性本勤,条件好,即奋进。"

(四)"复杂人"假说

"复杂人"假说的主要观点包括:人的需要是多种多样的,且会随着人的发展和生活条件的变化而发生变化,同时需要的层次也不断改变。人在同一时间内有各种需要和动机,它们会发生相互作用,结合成一个统一的整体,形成错综复杂的动机模式。

"经济人""社会人""自我实现人"三种假说,分别认为人生来懒惰、善良、勤奋,这是不可取的。"复杂人"假说,过分强调人的差异,忽视人的共性,这是不科学的,所以由于社会历史的局限性,四种人性假说不可能正视人的阶级性,均未摆脱唯心史观的局限。但是这四种人性假说至今仍有借鉴意义。例如"经济人"假说提出的工作方法标准化、制定劳动定额、实行有差别的计件工资、建立严格的管理制度等,至今仍是管理的基础工作;"社会人"假说提出的尊重人、关心人、满足人的需要,培养职工的归属感、整体感,主张实行"参与管理";"自我实现人"假说提出的给员工创造一个发挥才能的环境和条件,要重视人力资源的开发、重视内在奖励等,这些都是现代管理应遵循和坚持的原理、原则。"复杂人"假说提出的因人、因时、因事而异的管理,是具有辩证思想的管理原则。

二、中国的人性观

中国古代哲人认为,社会是人组成的,只要把每个人都教育好了,社会就会秩序井然,人民就能安宁幸福。为了探究能否把人性教育好的根据,中国哲人广泛而深入地探讨了人的本性问题,最具代表性的是儒家的以孟子为代表的"性善论";法家的以荀子为代表的"性恶论";还有告子的"性无善无恶论";杨雄的"性善恶混杂论";董仲舒的"性三品论"。由于后来儒家占了统治地位,"性善论"就成了正统思想,其他各家尤其是"性恶论"则受到批判。总之大多数人认为人性本善;佛教认为人人皆有佛性,道教认为人人皆有道性。佛性、道性也都是纯善无恶的,恶产生于本性以外的原因,可以消除。

还有人认为人性是趋利避害的,这里的利是利益、好处而非仅仅指私利,这里的害是不利、坏处。人天生就有一种本能:自我保护,如风沙吹来时眼睛会自然闭上一样。人的本质不是天生就是自私的,自私作为一种思想意识、观念是后天学会的,是社会、家庭等外部环境作用的结果。

人之所以为人,自从他降生开始,就属于某个社会集团并同时不属于其他社会集团。他是某人的儿女,是某人的弟、妹,属于某个家庭、家族,有了国籍或民族、地区属性等等。长大成人,或自愿或被迫,他加入了更多的社会集团,职业使他从属某种经济集团,政治态度可使他加入某一党派,婚姻使他和另一家族结合在一起,甚至也可使他不断从少年到青年到老年,因而分属于不同的社会集团,并在这些集团中担任一定的社会角色。在某个集团中担任了角色,就必须为这个集团的利益服务,所以说"屁股决定脑袋"。人的自然需要加上他各种社会角色的利益需要，就形成了人的社会属性。

如果仔细观察分析一下每个人的言行，他做什么，不做什么；说什么，不说什么，汇总归纳后就会发现，他的语、默、向、背，都是某种利益的表现。目前一般把那出于个人或小集团利益的言行叫作私、叫作利，而把那代表大集团或者国家民族利益的言行叫作公、叫作义。文艺作品中所谓的复杂性格，不过是在各种利益中的复杂纠葛和冲突。

第二节　定性识人技术

所谓定性识人技术就是对特定人从主观方面给予"好"与"坏"或"行"与"不行"的描述性的总体评价或判断的方法。任何被使用对象，决定其本质属性的都是德才素质的构成，即德与才在其身上的质和量的配比，精明的管理者在用人时，必须首先准确识别不同的被使用对象德才素质，做到心中有数，方能得心应手地按照德才兼备标准选拔任用员工，唯德才是举。

人才学关于人的德，一般划分为四层次:(1)政治品德;(2)思想意识;(3)工作态度;(4)心理品质。现实生活，由于每个人的工作经历、受教育的程度和成长道路不尽相同，不仅品德素质表现出很大的差异性，而且就是同一个人在德的四个层次方面也表现出明显的参差不齐、各有长短。

人才学关于人的才，即才能，是指人在已有知识的基础上，通过劳动（体力和脑力）而形成的技能的高度发展。才能包括两大系统:智力技能系统——如计算技能、写作技能、决策技能、分析技能等；操作技能系统——如表演技能、驾驶技能、射击技能、雕塑技能等。显然不可能样样精通，尽如人意，而是同样表现出明显的差异性。正因为人的德和才存在着许多差异，而且在不同历史时期有不同的德才内涵，所以人力资源管理者识人具有复杂性和用人行为具多样性。

在实际的管理工作中，一个人的才易发现德却难识。定性识人的方法：

（一）识人的才

识人的才要注意：

一是人才有类别、层次之分。人才学把人才分为政治、经济、军事、文学、艺术、技艺、科学、道德等类型。我们还可根据本地区本单位不同职类的岗位对人才的实际要求来区分。如管理工作者与业务工作者的才就有不同要求。

二是不能以名声论人才，显人才有名，但有名不一定有才，如有人好吹牛皮，或借助新闻媒体造虚名，现实生活中往往是那些潜人才一旦被发现使用，比显人才更有发展后劲。

三是不能以成败论人才，有的人成功了有业绩，不一定是人才，如搞阴谋诡计、玩弄权术，或搞弄虚作假的数字游戏，或别人已打好基础，恰好让他摘到了"桃子"等。这样获得的成功业绩不能证明他有才。有些人失败了无业绩，不是因为主观努力和无才能，而是客观环境的制约、时代的局限造成的，这样的人不能说他无才。

四是人才还是一个动态的概念。要用发展的眼光去看人的才。未被公认的人可以向人才方向发展，而才者也有一个从崭露头角到炉火纯青的发展过程，同时人才也可能向负方向发展。

显人才易找，潜人才难寻。发现潜人才有两种方法：一种是宏观的人才发现方法，一种是微观的人才发现方法。宏观人才发现方法就是"制度伯乐"方法："制度伯乐"有很多，如考试制度、专利制度、两年一度的青年歌手大奖赛等等，通过考试发现人才是中国人的发明，"文官"考试从隋文帝开始，唐朝武则天把考试推广到"武官"选拔领域。正是这种"制度伯乐"使得各种人才不断地脱颖而出。"制度伯乐"的主要优势，一是大面积地发现人才；二是公平、公正地发现人才；三是比较方便快捷。任何一个不断成功发展的社会或企业都一定有这样一个制度，能为每一个人提供一种公平竞争、脱颖而出的机会。在这点上，美国的很多法律制度值得学习，如知识产权、风险基金、自由创业、反垄断、失业保障等，这些制度的组合不仅可以保证每个人基本的生活，而且为人才的脱颖而出提供了极大可能的平等发展空间和机会。

微观人才发现方法指在实际工作中发现人才的具体方法。其一，要注意发现那些总能非常完美地完成你交给他的每项任务，而且问你还有什么事情可以给他做的人。这种人不仅能干，而且尚有余力，非常可能是潜人才。其二，要注意那些在工作中经常向你提出问题和建议的人，尤其是那些能完善你的思路、矫正你的方法的人。这种人在智能上高人一筹，可能是潜人才。其三，要注意发现那些经常有人向其请教或征求意见的人。这种人的思路往往受人欣赏，有别人没有的才华，非常可能是潜人才。这些微观的人才发现法有一个共同点：从个性特征上发现人才。经常总结这方面的规律，有利于发现人才、起用人才。

（二）识人的德

识人的德：一是留心观察，静中识人。留心观察对象的日常行为与生活习惯，这是一种简捷又可靠的识人艺术，一个人装一时一事容易，时时装事事装难。具体说：要留心观察对象的饮食起居和娱乐习惯，了解其自我约束力和防腐能力，一般说平时生活自律的人往往爱学习、重操守，作风散漫之人十有八九自我约束能力差。要留心观察对象人前人后的所作所为，识别其品行。品行好的人不会搞两面三刀、阳奉阴违，领导在场与不在场一个样，品行差的人当面一套、背后一套、爱搞小动作。要留心观察对象的交友行为，物以类聚，人以群分，近朱者赤，近墨者黑。要留心观察对象在各种事变前的行为表现，识别其立场态度。如班子换届时有的人不管风吹浪打始终如一，有的人一有风吹草动就蠢蠢欲动成了变色龙。

二是投石入池，动中识人。管理者要主动出击，变被动观察为主动考察，或直接谈话，或委托办事，或将其置于艰险特殊的环境之中。如在冰雹袭击或洪灾患难后抢险时考察其德行，识别其真伪，便可看出其庐山真面目。

三是广咨博取，众中识人。管理者要打入被了解对象的工作与生活交往圈子，了解群众对他的接受程度、信任程度、期望程度，兼听明辨，因为群众的眼睛是雪亮的。

四是区分良莠，凡中识人。管理者识人不仅要从普通人中识别出一个品德优秀的人，而且要从众多优秀人才中区分出不同的能级档次。这就要经过由假识真、由真识假、循表识里、见微识著、由显识潜、由偶然识必然的过程。

当然，以上谈的都是在我们的视野范围内识人。至于视野范围之外的许多人才，就只有通过组织推荐、群众推荐、自荐，特别是通过公开平等竞争的考试竞赛才能发现。

中国古代有许多识人之道，如庄子在《列御寇》中讲到考察人的方法大意是：远使之而观其忠，近使之而观其敬，烦使之而观其能，间之以是非而观其志，临之以利而观其廉，穷之以辞而观其变，告之以危而观其勇，期之以事而观其信，醉之以酒而观其性，间之以是非而观其志，杂之以处而观其色等。

识人一定要排除私心杂念，识贤须贤才，别像"武大郎开店专挑比自己矮小的人"。预防识人失误，要注意以下三点：(1)"横看成岭则成峰，远近高低各不同；不识庐山真面目，只缘身在此山中。"(2)"欲穷千里目，更上一层楼。"(3)"不畏浮云遮望眼，只缘身在最高层。"

第三节　定量识人技术

所谓定量识人技术就是对特定人从客观方面给予优、良、中、差的量化的总体评价或判断的方法。定量识人技术主要通过对人员进行素质测评，得到各类具体数据，再依据数据对特定人做出评定。准确的人员素质测评是人力资源管理者选员、安置、培训、晋升的基础和前提。

一、人员素质测评的含义及优点

素质包括生理素质和心理素质两个方面。生理素质是指形成人的天生差异的解剖生理特点，包括人的感觉器官、运动器官以及神经系统等方面的特点。心理素质是指人借助于自己的感觉器官、运动器官和神经系统等在社会实践中形成的心理特点。如政治素质、文化素质等。因此，在这里可以说，素质是指个体完成一定活动（工作）与任务所具备的基本条件和基本特点，它是行为的基础和根本因素。任何一个有成就、有发展的个体，都离不开个体优良的素质。如世界上较为著名的企业家和政治家都有喜欢冒险、乐观自信、健谈开朗、有远大抱负等个体素质。然而，素质只是日后发展与事业成功的一种可能性、一种静态条件，事业成功、发展顺利还需动态条件的保证，这就是素质功能发挥的过程及其制约因素的影响。因此，素质与绩效、素质与发展互为表现。我们的识人技术就是要了解被选对象能否胜任空缺岗位的工作，以及他潜在成长的可能性。因此，需要对其素质进行测评。

人员素质测评，是指在一定理论的指导下，使用科学而系统的方法，全面或部分地对人员素质进行量化分析与评价的技术。它是测评主体采用科学的方法，收集被测评者在主要活动领域中的表征信息，针对某一素质测评目标系做出量值或价值的判断过程；或者直接从表征信息中引发与推断某些素质特征的过程。

人员素质测评技术与传统选才相比具有如下优越性：

第一，评价方式客观公正。传统选才方式是一种主观性选择，多为"伯乐相马"式，只凭评价者自身的经验和识才水平，缺少标准化和客观性的方式和工具，使选才主观随意性大，缺乏科学性。近年来，有些人曾针对传统选才方式私下打诨说："说你行你就行，不行也行；说不行就不行，行也不行；最后是不服不行。"这样的选才方式难免出现用人失误、任人唯亲等问题。而现代人员素质测评技术是一种客观性选择，它运用生理、心理、能力等测验的标准化方式，使多个被测试者处在相同的测试环境、测试题目、测试过程，以及相同的标准下进行测试并对比评价。因此，这一方式既客观又公正，能真正体现"公开、平等、竞争、择优"的选才原则。

第二，评价结果准确、可靠。传统选才方式较常规的做法是察看档案，调查家庭历史和社会关系，搞民意测验等，而个人档案的内容多半是高度概括的主观评语，大都无法反映个人的具体实际情况，也难以考察个人实际的素质。而现代人员素质测评技术则注重考察人的实际能力、经验与业绩、潜在的智能水平、心理素质、职业倾向等，并注意所测内容的全面、完整和多元化，注意从多角度、多侧面去观察和评价一个人，追求最大限度地减少测评误差。这一技术还采用定性与定量相结合的方法，运用规范化和标准化的操作程序、技术、条件等，使评价结果能准确地反映被测者各方面的素质水平。因此，运用测评技术不仅能发现优秀人才与奇缺之才，而且能提供有关各人所长、各人所短的信息，使用人单位能用人所长、避人之短，取长补短、优化组合，并通过培训，开发其潜能。

第三，选才效率高。传统选才方式是相面式地仅对单个人进行，是一种小生产方式。而现代人员素质测评既可以对单个人进行评价，也可以在较大范围内对一群人同时进行测试与评价，而且素质测评过程对于每个测评者都是平等的。这是确保测评结果被公众接受的关键。

二、测评分类

（一）选拔性测评

选拔性测评是一种以人才选拔为目的的素质测评。许多具有诱惑力的职位竞争非常激烈，面对众多人才，虽然采取一定的甄选手段，淘汰了一些不合格者，但最后仍然存在不少可供我们选择的合格人选。如公务员录用考试，通过笔试后，一般按录用人员与考生 1:3 的比例确定进入面试的人选，这样同一个职位将有 3 个考生竞争，如果单凭面试成绩确定最后的录用人选，势必会因考官的水平、考生的临场发挥情况、面试题的科学合理性等方面的因素，影响了面试的公平性，最终影响了人员选拔，不能选拔到优秀人才。此时，最需要我们实施的就是选拔性的素质测评。

1. 选拔性测评的执行程序

一是综合分析合作人选之间的素质差异及表征；

二是从所有能反映求职者素质差异的特征与标志中选定几个最主要的，并以具体指标加以界定；

三是选择适当的测评方法，测出每个求职者在每个指标上的数值；

四是按测评规则区分不同水平的求职者；

五是把测量结果同确定为标准的指标值进行比较认识；

六是写出测评报告，报告测评结果，为选拔优秀人才提供依据。

2. 选拔性测评的执行原则

选拔性测评遵循的基本原则是公平性、公正性、差异性、准确性和可比性。

公正性是指整个素质测评过程对每个被测者来说要求都是一致的，测评者必须按统一的标准要求进行客观的测评。这是测评信度的有保证。

差异性指素质测评既要以差异为依据，又要能够反映被测者素质的真实差异。这是确保选拔结果正确性的前提。

准确性指测评结果对被测者素质差异的反映要尽可能精确，在允许误差范围之内。

可比性指素质测定的结果要具有纵向的可比性。一般要求采取量化形式，不但可比，而且可以与其他测评结果相加，这能确保测评结果在最后的人员选拔中发挥实际作用。

3. 选拔性测评的特点

一是强调测评的区分功用。择优选拔就是优中选优，是一种相对性的测评，这就特别需要把优秀者同一般的使用者区分开来，便于用人单位录用。

二是测评的标准一旦确定就不再改变。选拔性测评的目的是把最优秀的求职者与一般性的合格者区分开来，因此，人们对它的要求是非常严格、非常精确的，否则最后的"胜利者"就难以取信于民。

三是测评过程强调客观性。随着科学技术的发展，测评的方法要求数量化和计算机化，这是测评客观化的明显标志。

四是测评指标具有可选拔性。在以客观、便于操作与相关性为前提的情况下，允许增加一些不相干的指标。

五是测评的结果比较明显，一般为分数或等级。评语式的测评结果不益于区分功用的发挥。

（二）配置性测评

配置性测评以人与事合理配置为目的。人力资源管理工作要坚持以人为本，做到人事相配、人尽其才、才尽其用，使人力资源达到最佳配置，发挥最佳效益。实践证明，不同的职位对其任职者都有一些基本要求，只有当任职者的素质合乎其要求时，个体的人力资源才能主动发挥作用，创造出良好的绩效。否则，就会出现"大马拉小车"或"小马拉大车"的现象，降低工作效能。因此，在人事配置中十分需要运用配置性测评，如图4-1所示。

配置性测评与其他测评相比，有以下特点：

一是具有针对性，主要体现在测评的中心与目的上。配置性测评的目的是以"事"择"人"，先有职位要求，而后择人。不同的职位要求各不相同，因此，不同职位的配置性测评就各不相同。如不能把用于会计职位的配置性测评结果运用于文秘职位的人事配置上。

二是具有客观性。配置性测评的标准是实实在在的，必须以职位的客观要求为标准，不能主观随意制定。

三是具有严格性。为了寻求人与事的最佳结合，配置性测评的标准不但不能变，而且不能降低。测评方法、测评组织实施及整个测评过程都必须严格按事先确定的程序要求进行，否则，将无法保证测评结果的准确性与人事配置的效果。

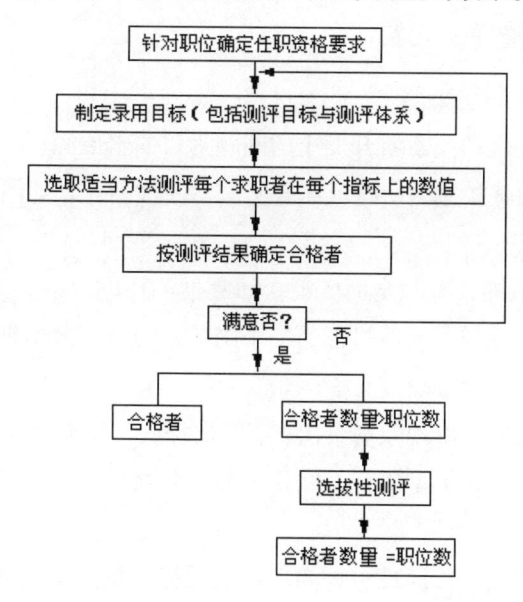

图4-1 配置性测评操作一般流程

配置性测评的结果，是"人"与"事"最佳结合的必要条件，但不是充分条件。开始时是最佳配置，既保证了工作效率，又保证了工作绩效。但随着工作要求与人员素质的变化，配置应该有所变化，不能一配到终身，否则配置性测评就失去了意义。

（三）开发性测译

开发性测评，是以开发人才素质为目的的测评，主要是为人力资源开发提供科学性和可行性依据。人的素质都具有一定的可塑性与潜在性，不能说甲只能在某个职位上工作，不具备某方面的素质，但他可能有这方面的潜力可挖掘。同时，人力资源的开发要有针对性，有的人热衷于文字写作，有的人热心于技术研究，有的人擅长行政管理，这些人实际都具备了某一方面的素质潜力，应该对他们采取不同的策略，以最大限度地发挥他们的作用。这就有必要实施开发性测评。

实施开发性测评，首先要收集各种人力资源形态的资料，确定每一种类型的内涵和外延，寻找揭示每种类型的明显标志和潜在标志。然后拟定测评规则，按规则进行测评。然后针对测评结果提出开发建议。

开发性测评具有勘探性、配合性、促进性等特点。

勘探性指开发性测评对人力资源带有调查性，主要是了解总体素质结构中，哪些是优势素质，哪些是短缺素质，哪些是显性素质，哪些是潜在素质，哪种素质具有开发价值等。

配合性是指开发性测评一般是与素质开发相配合而进行的，是为开发服务的。

促进性是指开发性测评的主要目的是通过测评激励与促进各种素质的和谐发展和进一步提高，不在于评定素质的好坏和有无。

（四）诊断性测评

诊断性测评是以了解素质现状或素质开发中的问题为目的素质测评。面对工作中的许多问题，需要从人员素质方面查找原因，这就需要实施诊断性测评，如图4-2所示。

诊断性测评具有以下特点：

一是测评内容有时十分精细，有时全面广泛。诊断性测评的目的是查找问题的原因，测评时，有时就像医生问病情一样，不放过任何一个细节，内容十分精细；有时为了了解现状，测评内容就十分广泛。

二是测评的过程是寻根问底。由现象观察出发，层层深入，步步综合，直至找到答案。

三是测评结果保密。不像其他类型测评，结果一般向公众公开，诊断性测评的结果仅供内部掌握与参考。

四是测评具有较强的系统性。诊断性测评要求从表现特征与标志观察入手，继而对问题与原因进行深入细致的分析，确定问题的原因，提出纠正方案。如图4-2所示。

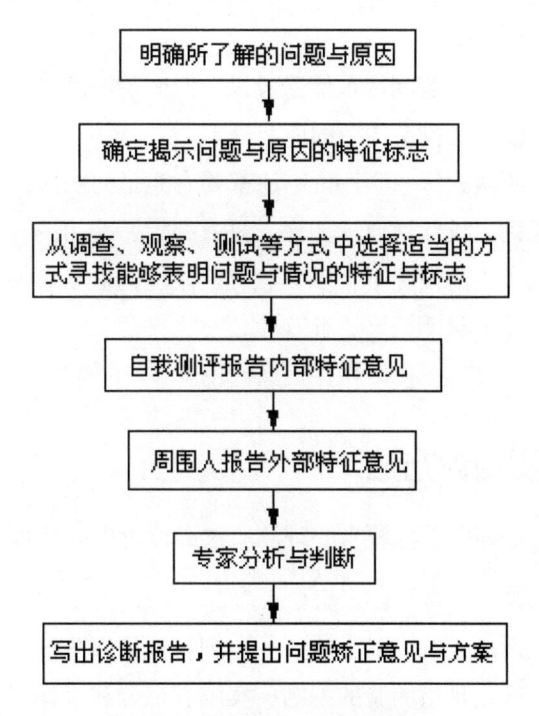

```
明确所了解的问题与原因
        ↓
确定揭示问题与原因的特征标志
        ↓
从调查、观察、测试等方式中选择适当的方
式寻找能够表明问题与情况的特征与标志
        ↓
自我测评报告内部特征意见
        ↓
周围人报告外部特征意见
        ↓
专家分析与判断
        ↓
写出诊断报告，并提出问题矫正意见与方案
```

图4-2　诊断性测评操作流程图

（五）鉴定性测评

鉴定性测评，是以鉴定与验证测评对象是否具备某方面的素质或具备程度大小为目的素质测评，它常结合选拔性测评和配置性测评使用，其操作流程图如下（见图4-3）：

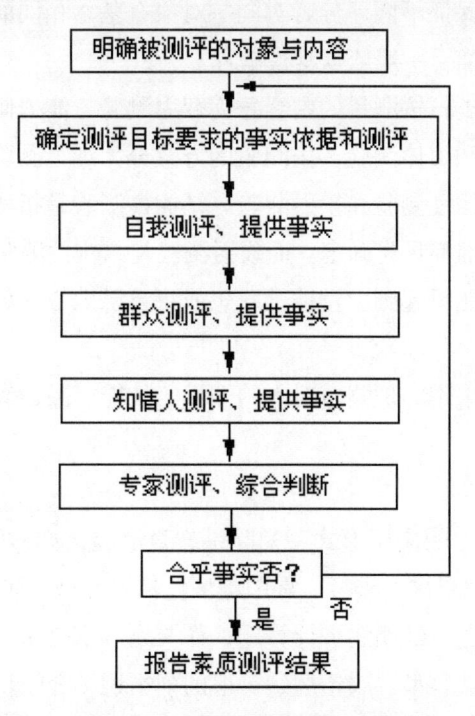

```
明确被测评的对象与内容
        ↓
确定测评目标要求的事实依据和测评
        ↓
自我测评、提供事实
        ↓
群众测评、提供事实
        ↓
知情人测评、提供事实
        ↓
专家测评、综合判断
        ↓
合乎事实否？ --否--→ (返回)
     │是
     ↓
报告素质测评结果
```

图4-3　鉴定性测评操作流程图

鉴定性测评遵循以下原则：

全面性原则。要求测评的范围尽可能遍及纵向时间的跨度与横向空间的场所，尽可能遍及素质形成的全过程以及素质结构中的所有因素。

充足性原则。要求所做的每一个评价结论都要有充足的依据，是事实本身的反映。

权威性或公众性原则。权威性要求测评者是有一定影响力的权威人士或专家。公众性要求测评者在不是权威人士的情况下，多吸收有代表性的群众参加。权威性和公众性分别从"质"和"量"上保证了测评结果的有效性。

以上几种测评类型在实际操作中往往交叉使用。

三、人员素质测评方法

人员素质测评的方法很多，主要有心理测验法、评价中心技术、面谈法等。

（一）心理测验法

心理测验法是指在标准化的情景下对人的心理特性加以测量的方法，标准化是心理测验的基本条件。所谓标准化是指测验的编制、实施、记分和解释程序的一致性。首先测验的编制要有科学程序，测验结构的确定，测验项目的选择，都必须有依据，要经过预测和项目分析。当项目参数达到测量学要求，测验的信度与效度较高时，才能使用。其次，在测验实施过程中，测验的测试条件要基本一致，测验工具要规范，性能要稳定。印刷材料要字迹清楚，字体大小适当，测验指导语、测验的程序和时间限制要统一。再次，记分要有详细的评分标准，以便保证不同评分者对同一对象有基本相同的评分结果。最后，测验结果的解释也要有统一标准，一般依据常模解释。

心理测验有很多种分类，按测量的内容分为智力测验、能力倾向测验和人格测验；按测验的人数分为个别测验和团体测验；按测验的方式分为纸笔测验、操作测验和计算机化测验；按测验性质分为结构性测验和投射测验。结构性测验是指测验有明确的结构，每一测验的测量目标和评分标准都预先确定。而投射测验与结构性测验相反，没有明确的结构，没有确定的评分标准，测题只起到引发被试联想或将自己内心深处的欲望、情绪、态度投射到反应中的作用。

在这里，我们仅介绍采用心理测验对人的知识、技能、品德和气质等素质进行测评的方法和技术。

1. 知识测评

心理测验在知识测评中的应用形式，实际是教育测验，亦称笔试。用笔试测评知识，可从记忆、理解、应用三个层次上进行。常用题型包括供答型、选答型与综合型。填空题、名称解释、简答题、论述题、证明题、计算题、作文题等都是供答题，而非判断题、多项选择题、搭配题等都属于选答型。改错题、一般的列举题则介于供答和选答之间，属于综合型。试题编排是组织试卷中关键性的工作。目前试题编排的方法有三种：一是按难度编排，先易后难；二是按题型编排，同类试题放在一起，先客观性试题后主观性试题；三是按内容编排，同类内容放在一起，并按知识本身的逻辑关系编排，先基本概念后方法原理。比较可取的方法是第一种方法与后两种方法结合使用，将第一种方法与第二种方法结合使用可以先按题型编排，在同一题型内再按先易后难的顺序排列。将第一种方法与第三种方法结合使用可以先按内容编排，在同一内容中再按难度排列，先易后难。

2. 技能测评

技能测评是对人的技能素质的测评。这里介绍智力测验和能力倾向测验两种心理测验方法。

第一，智力测验。研究发现，在同一职业中，聪明的人比愚笨的人学得快、做得好；不同职业对人的智力要求也不尽相同。如飞行员、律师、工程师等职务要求要有较高的智商。因此，智力测验可以用来甄选各种职业的工作者。智力通常用 IQ 表示，IQ ＝智力量表测评得分／测评年龄，IQ 在 90—110 之间表示智力正常，低于 90 则智力低下，高于 120 表示非常聪明。

由于智力被认为是个体行为的一般能力，因此它可以从各种不同心智活动中取样来测量。例如军队甲种量表中就由 8 个分测验构成：（1）指使测验（照令行事测验）；（2）算术测验；（3）理解测验；（4）对比测验；（5）字句重组测验；（6）增补数字序列测验；（7）类推测验；（8）常识测验。而军队乙种量表则由 7 个分测验构成：（1）迷津测验；（2）立体图分析测验；（3）x—0 测验（在空格中增补 x 或 0）；（4）译码测验；（5）数目校对测验（473…473，5821……5831，前者两数是相同的，后者两数不同，要求指明，实为校对）；（6）图画补缺测验；（7）几何图形分析测验。

第二，能力倾向测验。所谓能力倾向，是一种潜在的与特殊的能力，是一些对于不同职业的成功，在不同程度上有所贡献的心理因素。它与经过学习训练而获得的才能是有区别的，它本身是一种在尚未接受教育训练前就存在的潜能。能力倾向是事业成功的可能条件，而才能是事业成功的现实条件。因此，能力倾向测验具有诊断功能和预测功能，可以判断一个人的能力优势与成功发展的可能性，为人员甄选、职业设计与开发提供科学依据。

普通能力倾向成套测验，简称 GATB，最初由英国劳工部于 20 世纪 30 年代研制而成。这套测验主要是对多种职业领域中工作所必需的几种能力倾向的测评。它由 15 种分测验构成。其中 11 个为纸笔测验，4 个为操作测验：（1）工具匹配；（2）名词比较；（3）计算；（4）划纵线；（5）平面图判断；（6）打点速度；（7）立体图判断；（8）算术应用；（9）语义；（10）打 U 记号；（11）形状匹配；（12）插入；（13）调换；（14）组装；（15）分解（最后 4 个为操作测验）。这 15 个分测验可以测评智能（一般学习能力）、言语、数理、书写知觉、空间判断、形状知觉、运动协调、手指灵活、手腕灵巧度等 9 种能力。

3. 品德测评

随着高科技物化为第一生产力的发展，许多职业与职位对任职者的体力和智能要求降低了，但品德素质要求却提高了。如商场的售货员不再要求高超的心算速算能力，却要求更高的服务质量——主动热情、耐心周到、举止文雅、工作认真。因此，品德测评在人员甄选中日趋重要。

采用问卷测验形式测评品德，是一种实用、方便、高效的方法。这种形式的代表有卡持尔16因素个性问卷、艾森克个性问卷、明尼苏达多相个性问卷等。

4. 气质测评

气质是个体中那些与神经过程的特性相联系的行为特征，是个体心理活动和外显动作中所表现的某些关于强度、灵活性、稳定性与敏捷性等方面的心理综合特征。它表现在情绪和情感的发生速度、向外表现的强度以及动作的速度与稳定性方面。

神经活动类型学说根据神经活动的方向和特征，把人的气质划分为活泼型（多血质）、兴奋型（胆汁质）、安静型（黏液质）和抑制型（抑郁质）四种。

气质测评，目前主要采取问卷测验法。

（二）评价中心技术

评价中心技术是用于选拔高级管理者的测评方法。评价中心技术不是一种单一的方法，而是一种多种方法相结合的综合方法。如前所述，评价中心技术最初出现在第二次世界大战中，英国为了对预备军官进行评价，采用心理测验、面谈、情景模拟等多种方法，结果发现测评的信度、效度大大提高，后来，人们将这种综合方法称为评价中心技术，简称AC。

评价中心技术就是创设一个模拟的管理系统或工作场景，将被测试者纳入该系统中，采用多种评价技术和手段，观察和分析被测试者在模拟的工作情境压力下的心理和行为，以测量其管理能力和潜能的一种测评方法。这种方法对测评一个人的语言能力、组织协调能力、领导能力、人际交往的意识与技巧、自信心与团队精神等特别有效。由于评价中心技术不是对被测试者的素质进行抽象的分析，而是将其置于一系列的活动、安排、环境布置、压力刺激的动态情境中来测试，故具有预测的可信度和效度高、信息量大、针对性强、客观公正等特点，是一种很有价值和发展前途的测评技术，因而它被广泛地应用到组织高层管理人员的测评中。评价中心技术最常用的有无领导小组讨论、公文筐处理、角色扮演等方法。

1. 公文筐处理

它是一种具有较高信度和效度的测评手段，可以为组织高级管理人才的选拔、聘用、考核提供科学可靠的信息。在这项测试中，设计出一系列管理者所在的真实环境中需要处理的各类公文（信件、通知、文稿、请示报告、上级公文等），这些公文可以涉及财务、人事、市场信息、政府法令、客户关系等。由于这些公文通常是放在公文筐中，公文筐测验因此而得名。测验要求被测试者以管理者的身份，模拟一个公司所发生的实际业务、管理环境，在规定的条件下（通常是较紧迫困难的条件，如时间与信息有限，独立无援，初履新任等），对各类公文材料进行处理，形成公文处理报告，从而对被测试者的计划、组织、分析、判断、决策、文字等能力进行评价。

2. 无领导小组讨论

无领导小组讨论一般由 6~10 人为一组，组内每一个成员地位相等，大家围绕一个被精心设计的管理活动中比较复杂棘手的问题展开讨论，各抒己见，在规定的时间内达成共识。在此测试中，并不指定谁是负责人，通过对被测试者在讨论中所显露的语言表达能力、独立分析问题的能力、概括能力、应变能力、团队合作能力、感染力、建议的价值性、措施的可行性、方案的创意性等划分等级，进行评价。其目的就在于考察被测试者的表现，尤其是看谁会从中脱颖而出，成为自发的"领导者"。这种方法对测评一个人的语言能力、组织协调能力、领导能力、人际交往的意识与技巧、自信心与团队精神等特别有效。

3. 角色扮演

该方法是在一个模拟的人际关系情境中，设计出一系列尖锐的人际矛盾和人际冲突，要求被测试者扮演其中某一角色并进入情境，去处理这些矛盾和问题。通过对被测试者在不同的角色情境中表现出来的行为进行观察和记录，评价被测试者是否具备符合其身份的素质特征及个人在模拟情境中的行为表现与组织预期的行为模式与将担任职务的角色规范之间的吻合程度，即个人的个性特性与工作情境间的和谐统一程度。这种方法主要用于评价角色扮演者的人际关系协调技巧，情绪的稳定性和情绪的控制能力，随机应变能力、处理各种问题的方法和技巧。

4. 管理游戏

它是一种以完成某项"实际工作任务"为基础的标准化模拟活动。在这种活动中，小组成员各被分配一定的任务，必须合作才能较好地解决它。通过被测试者在完成任务的过程中所表现出的行为来测评被测试者的实际管理能力。

（三）面谈法

面谈法也是人员素质测评常用的方法，是指测评人员通过与被测评者直接的、面对面的交谈，从而获得有关被测评者的信息，据此对被测评者做出评价的方法。面谈法可分为结构性面谈和非结构性面谈。结构性面谈是指在面谈之前预先设计好面谈的内容、问题、记录方式和评价标准。整个面谈过程都按预先设计好的计划进行。非结构性面谈是指在面谈前只有一个大致的计划，预先没有设计好完整的面谈内容、所提问题、记录方式和评价标准，一切随面谈过程中的具体情况而定。这是一种灵活性较大的面谈方式，结构性面谈的优点是标准化程度较高，资料整理较容易，也便于对不同的被测评者进行比较。这种面谈法的缺点是灵活性不够，无法对被测评者的特殊情况进行深入的了解。非结构性面谈与结构性面谈恰恰相反，它的优点是较灵活，便于对不同的被测评者提出更具有针对性的问题。它的缺点是资料整理较困难，不同个体之间的比较缺乏统一的标准。

四、人员测评的步骤

人员测评是一项严肃、复杂的工作，需要事先设计测评方案，确定测评的程序和步骤。

测评的程序和步骤往往随测评对象、测评目的、测评方法不同而异，但一般都包括以下几个基本步骤：

（一）设计测评方案

测评方案就是测评的计划，一个好的测评方案是测评成功的保证。测评方案一般包括确定测评的目的与测评的维度，制订测评的标准体系，选择测评的方法与工具，制订测评的程序或步骤，决定测评结果的呈现方式。

（二）培训测评主试

为了提高测评的质量，在测评之前必须对测评主试进行培训。主试培训内容包括让主试理解测评方案，掌握测评方法，统一评分标准，熟悉测评步骤。

（三）施测

按照测评方案，运用一定方法，对被测评者实施测评，并收集相关资料。

（四）整合测评结果，做出评价与决策

对测评过程中获得的各种资料进行整合，根据一定的标准进行评价，最后根据测评目的进行决策。

五、人员测评中的注意事项

（一）重视测评方案的设计

测评方案是测评的蓝图，测评方案直接影响着测评质量。因此，测评者应该十分重视测评方案的设计，事先把事情考虑得更周密些，测评工作才会更顺利地进行。

（二）注意测评环境的布置

环境是影响测评结果的重要因素，对环境的控制是测评中必须考虑的问题。各种测评方法对测评环境都有一定的要求，因此，应该按照特定的测评方法的要求，布置好测评环境，注意在测评全过程中保持环境的一致性。

（三）及时全面记录测评信息

测评过程中，应该及时全面地记录有关信息。如有条件，还可录音录像，以便进一步核查有关资料。在面谈和情景模拟测评中更应重视记录（记分）工作。

（四）处理好突发事件

在测评过程中，有时会出现一些突发事件，例如，被测评者突然生病，无关人员突然闯入干扰了测评工作正常进行等等。对于这些突发事件，测评者除了要妥善处理外，还应及时记录，以便为以后对测评结果的解释与决策提供参考。

第五章　员工招聘

第一节　员工招聘概述

一、员工招聘的意义及原则

（一）招聘及其意义

市场竞争归根结底是人才的竞争。随着经济的发展，各行各业对人才的需求也越来越强烈，组织要发展就必须不断地吸纳人才。招聘，就是替组织的空缺职位挑选具有符合该职位所需才能的人员的过程，目的在于选择一位最适宜、最优秀的人才。

1. 员工招聘任务的提出有如下几种情况：
（1）新组建一个组织；
（2）业务扩大，人手不够；
（3）因原有人员调任、离职、退休、死伤而出现职位空缺；
（4）员工队伍结构不合理，在裁减多余人员的同时需要补充短缺人才。

2. 员工招聘工作必须高度重视，其意义如下：

（1）招聘质量事关重大。新补充的人员的素质，犹如制造产品的原材料，将严重影响到今后的培训及使用效果。素质好的新员工，接受培训效果好，很可能成为优秀人才；素质差的新员工，在培训及思想教育方面要投入很多，还不一定能培训成优秀人才。新补充的人员的素质不仅决定着其本人今后的绩效，而且会影响到组织气氛，例如极少数调皮捣蛋的员工有可能使整个部门的绩效严重下降。不合格的人员进入组织会带来一系列麻烦，"请神容易送神难"，辞退一名员工会受到各方干预，而且会给对方造成心理创伤。

（2）招聘是一项比较困难和复杂的工作。一方面是优秀人才比较短缺，即使在失业率很高的情况下，组织所需的某些员工也是很难找到的。如英国在大萧条时期，人力资源管理部门在市场上招聘经理人员时竞争仍十分激烈。另一方面，识别人是比较困难的，了解一个技术工人需要几小时到几天，了解一个工长需几周到几个月，而对于组织经营者，则需要几年才能作出判断。

招聘的困难还在于一些有权力的人物要求安排自己的亲友到较好的职位，使执行公平竞争法则受到挑战。招聘的复杂性还表现在一系列法律、政策的制约方面。例如，美国有公平就业法，要保证有一定比例的妇女、少数民族被雇用。因此，招聘到合格的尤其是优秀的人才，是衡量人力资源管理部门成绩的主要依据之一。

（二）招聘的原则

1. 公开原则

指把招考单位、种类、数量，报考的资格、条件，考试的方法、科目和时间，均面向社会公告周知，公开进行。一方面给予社会上的人才以公平竞争的机会，达到广招人才的目的；另一方面使招聘工作置于社会的公开监督之下，杜绝不正之风。

2. 竞争原则

指通过考试竞争和考核鉴别确定人员的优劣和人选的取舍。为了达到竞争的目的，一要动员、吸引较多的人报考，二要严格考核程序和手段，科学地录取人才，防止"拉关系"、"走后门"、"裙带风"、贪污受贿和徇私舞弊等现象，通过激烈而公平的竞争，选择优秀人才。

3. 平等原则

指对所有报考者一视同仁，不得人为地制造各种不平等的限制或条件（如性别歧视）和各种不平等的优先优惠政策，努力为社会上的有志之士提供平等竞争的机会，不拘一格地选拔、录用各方面的优秀人才。

4. 全面原则

指对报考人员从品德、知识、能力、智力、心理、过去工作的经验和业绩进行全面考试、考核和考察。因为一个人能否胜任某项工作或者发展前途如何，是由多方面因素决定的，特别是非智力因素对其将来的作为起着决定性作用。

5. 择优原则

择优是招聘的根本目的和要求。只有坚持这个原则，才能广揽人才，选贤任能，为单位引进或为各个岗位选择最合适的人员。为此，应采取科学的考试考核方法，精心比较，谨慎筛选。特别是要依法办事，杜绝不正之风。

6. 能岗匹配原则

这是招聘工作最重要的原则。能岗匹配包含两个方面的含义：一是指某个人的能力完全胜任该岗位，即所谓人得其职（人永远在寻找更适合自己的岗位）；二是指岗位所要求的能力这个人完全具备，即所谓职得其人（组织永远在寻找更适合的人）。能岗匹配原则是指应尽可能使人的能力与岗位要求的能力达成匹配。这种匹配包含着"恰好"的意思。

"匹配"比"个体优秀"更重要。有的人个人的硬件条件很好，但放到某一个环境中不但个体不能发挥其能力，且会使整体的战斗力被削弱；有的人能力一般，但放到一个适宜的环境中，工作很出色，团队的协作能力也加强了，整体效益达到最优。因此，我们把匹配原则作为招聘的黄金法则，录用的人是不是最好不重要，重要的是最匹配。

首先，人有能级的区别。狭义地说，能级是指一个人能力的大小；就广义而言，能级包含了一个人的知识、能力、经验、事业心、意志力、品德等多方面的要素。不同的能级应承担不同的责任。

其次，人有专长的区别。不同的专业和专长，不能有准确的能级比较，一个优秀的电脑专家不能和一个优秀的建筑设计师比较优秀的等级和差别。

再次，同一系列不同层次的岗位对能力的结构和大小有不同要求。由于层次的不同，其岗位的责任和权利也不同，所要求的能力结构和能力大小也有显著的区别。例如，处于高层的管理者需要有更高的战略能力和宏观控制能力，处于基层的管理人员应有更加具体的技术能力，并对生产工艺的细节有所了解。

然后，不同系列相同层次的岗位对能力有不同要求。由于工作系列不同，虽然处于同一层次，其能力的结构和专业要求也有显著的不同。如人力资源部经理必须具备较强的沟通能力和协调能力；财务部经理必须具备较强的计划能力，熟知相关的财务法律知识；生产部经理则需有指导他人工作的能力和对质量的控制能力。

最后，能级高于岗位的要求，个人的才华无法施展，积极性会受到打击，组织的人员流动率就大。能级低于岗位的要求，人心涣散，组织的凝聚力和竞争力均受到影响。

通常要作能岗匹配分析的招聘岗位都是组织中的中高级管理层，对于一般员工不必作能岗匹配分析，只作一般的岗位分析即可，能岗匹配分析包括以下内容：

（1）岗位所需的素质、专业知识和能力；

（2）岗位所需的性格偏好；

（3）一把手的性格特征、专业、兴趣和经历；

（4）曾经与一把手共事过的成功者与失败者的经验分析，尤其是共事者的个体特征分析；

（5）组织领导班子的组成分析，包括性别、年龄、专业、职位、性格特征等；

（6）组织以往的业绩分析最缺少的人才是什么；

（7）拟招聘岗位在组织所处的地位。

案例一：某民营集团公司要招聘4位营销子公司的总经理，为了挑选到能岗匹配的合适人选，我们对该公司作了2天的访问，听取了各方面的情况，填写了4张调查表，分析了该岗位的各种情况，列出下述能岗匹配清单：

（1）学历不必太高，只需大专或本科学历；

（2）年龄不宜太小，应该30岁以上，有五年以上的工作经验和社会阅历；

（3）善于接触最普通的基层群众，平易近人，衣着朴素，懂得群众语言和与人谈心的方法，最好善饮酒聊天，长相不能太秀气，谈吐不能太清高；

（4）为人谦和，能随遇而安，对工作和生活的期望值不太高；

（5）能服从领导，个人意志不宜太强，有协作精神；

（6）有稳定的婚姻和家庭生活。

二、招聘的内部因素

（一）组织的声望

组织是否在应聘者心中树立了良好的形象以及是否具有强大的号召力，将从精神方面影响着招聘活动。如一些老牌的大公司，以他们在公众中的声望，就能很容易地吸引大批应聘者。

（二）组织处于发展阶段

显然，人力资源管理职能的相对重要性是随着组织所处的发展阶段而变化的。由于产品或服务范围的扩大需要增设新的岗位和更多的人员。因此，处于增长和发展阶段的组织比成熟或下降阶段的组织需要招聘更多的员工。除了改变招聘规模和重点以外，处于发展阶段还在迅速扩大的组织可能在招聘信息中强调雇员有发展和晋升的机会，而一个成熟的组织可能强调其工作岗位的安全性和所提供的高工资和福利。

（三）组织的招聘政策

组织的招聘政策影响着招聘人员选择的招聘方法。例如，对于要求较高业务水平和技能的工作，组织可以利用不同的来源和招聘方法，这取决于组织高层管理者是喜欢从内部还是从外部招聘。目前，大多数组织倾向于从内部招聘人员，这种内部招聘政策可以向员工提供发展和晋升机会，有利于调动现有员工的积极性。其缺点是可能将不具备资格的员工提拔为领导或到重要岗位。

另外，组织内的用人是否合理，是否有良好的上下级关系，升迁路径的设置如何，进修机会等，对有相当文化层次的人员来说，在一定程度上比工资待遇更重要。

（四）福利待遇

组织内部的工资制度是员工劳动报酬是否公正的主要体现，组织的福利措施是组织是否关心员工的反映，它们将从物质方面影响着招聘活动。

（五）成本和时间

由于招聘目标包括成本和效益两个方面，同时各种招聘方法奏效的时间也不一致，因此，成本和时间上的限制明显地影响招聘效果，招聘资金充足的组织在招聘方法上可以有更多的选择，它们可以花大量费用做广告，所选择的传播媒体可以是在全国范围内发行的报纸、杂志和电视等。此外，也可以去大学或其他地区招聘。在各种招聘方法中，对西方组织来说，最昂贵的方法是利用高级招聘机构。在中国，并没有专门的招聘机构，各级政府的人才交流中心只起信息沟通的作用。广告费一般比较贵，其费用水平取决于所用媒体的类型、地点和时间。

时间上的制约也影响着招聘方法的选择。如果某一组织正面临着扩大产品或服务所带来的突发性需求，那么它几乎没有时间去大学等单位招聘，因为学生毕业时间有一定的季节性，而且完成招聘需要较长的过程。因此，组织必须尽快地满足对员工的新需求。一般来说，许多招聘方法所涉及的时间随着劳动力市场条件的变化而变化。当劳动力市场短缺时，一方面应聘人的数目减少，另一方面他们愿意花更多的时间去比较和选择，所以一般要花较长的时间才能完成。

一般而言，通过人员需求的预测可以是招聘费用降低和效率提高，尤其是在劳动力市场短缺时，对某类劳动力需求的事先了解可以使组织减少招聘费用和有效地获取所需的合格员工。

三、招聘的外部因素

（一）国家的政策、法规

国家的政策法规从客观上界定了组织招聘对象选择和限制的条件。例如，西方国家中的人权法规定在招聘信息中不能有优先招聘哪类性别、种族、年龄、宗教信仰的人员表示，除非这些人员是因为工作岗位的真实需要。再如，在西方一些国家中，如果组织或其他组织在联邦政府管辖的范围内招聘100个以上的雇员，那么，雇主的招聘计划和目标尤其要受到法律的约束。也就是说，雇主必须设计其招聘计划和方法以在特定的人口组内吸引有资格的应聘人，他们应包括妇女、本地人、外裔和残障人士等。

（二）劳动力市场

1. 市场的地理位置。劳动力市场状况对招聘具有重要影响，其中一个因素是劳动力市场的地理位置。根据某一特定类型的劳动力供给和需求，劳动力市场的地理区域可以是局部性的、区域性的、国家性的和国际性的。通常，那些不需要很高技能的人员可以在局部劳动力市场招聘。而区域性劳动力市场可以用来招聘那些具有更高技能的人员，如水污染处理专家和计算机程序员等。专业管理人员应在国家的劳动力市场上招聘，因为他们必须熟悉组织的环境和文化。最后，对于某类特殊人员如宇航员、物理学家和化学家等，除了在国内招聘外，还可在国际市场招聘。

某些西方国家是根据工人愿意工作的路程来确定局部劳动力市场的边界。例如，如果人们愿意到48千米（30英里）以外的地方工作，而48千米以外的地区就不属于这一局部市场。另外，在局部和区域市场与国家或国际市场招聘之间的差异在于后者要引起人员的迁移。因此，组织的地理位置往往是很多人考虑是否变更工作的重要因素。

2. 市场的供求关系。我们把供给小于需求的市场称为短缺市场，而把劳动力供给充足的市场称为过剩市场。一般来说，当失业率比较高时，在外部招聘人员比较容易。相反，某类人员的短缺可能引起其价格的上升并迫使组织扩大招聘范围，从而使招聘工作变得错综复杂。

总之，劳动力市场状况影响招聘计划、范围、来源、方法和必需的费用，为了高效率地工作，招聘人员必须密切关注劳动力市场条件的变化。

（三）行业的发展性

如果组织所属的行业具有巨大的发展潜力，就能吸引大量的人才涌入这个行业，从而使组织人才的余地较大，如近几年来的会计、电脑专业。相反，当组织所属行业远景欠佳时，组织就难以有充裕的人才可供选择，如现在的纺织业。

四、招聘的备选方案

尽管招聘成本在买方市场上已稍微有所下降，但还是很高的。它常常包括寻找过程、面试、支付代理费以及重新安置和培训新员工等成本。并且一旦员工被雇用，即使其业绩勉强合格，也很难辞退他。因此，组织在从事招聘之前应认真考虑它的备选方案。

招聘的备选方案一般包括加班、转包、应急工和租赁员工等方面。

1．加班。加班是解决工作量中短期波动最常使用的方法。加班对雇主和员工双方都有帮助，加班的优点是：

（1）雇主由于避免了招聘、选择和培训等费用而获益；

（2）员工可以得到较高的报酬。

与加班明显的优点相伴而来的是潜在的问题：

许多经理认为当他们与员工一起为公司长时期加班后，公司支付增加而得到的回报减少。员工会变得疲劳并缺乏以正常工作效率完成工作的精力，特别是当需要过度地加班时。

2．转包。组织会选择将工作转包给另一家组织的方式，即使一个组织预测出市场对它的商品或服务的需求是长期增长的，它们仍可能会拒绝雇用。

实际工作中，当转包商在生产某些商品或服务上更具有专长时，这种方法特别具有吸引力。这样的安排常常会使双方都受益。

3．雇用临时工。一个长期在编员工的全部成本一般要占到工资总额的30%以上，并且还不包括招聘成本。为避免这样一些成本并保持随工作负荷变动的灵活性，许多组织利用兼职工或临时工。临时工的优点是：

（1）临时工有助于公司通过提供对过量或特殊工作负担的处理来帮助他们的顾客。这些公司把员工安排给他们的顾客以履行所有通常与雇主有关的职责。这样就避免了招聘、旷工和人员调整及员工福利所需的费用。

（2）在经济衰退时期，应急工相当于人力资源的即时存货。这些可自由使用的工人对雇主来说有着极大的灵活性，而且降低了人工成本。

问题是：这种配备人员的方法从长期角度看不知道是否有益于我们的社会。但从短期来看，使用应急工所带来的益处确实是许多公司成功甚至是存活的关键。

4．租赁公司。租赁公司以同样的薪水雇用员工，并将他们租给前任雇主，前任雇主成了租赁公司的顾客，员工像以前一样在顾客的监督下继续工作，租赁公司作为雇主则承担着所有相关的责任。优点是：

（1）公司使用了这种方法，就可以正式地解雇一些或大部分员工。

（2）对于顾客来说，租赁员工最大的好处是不必再进行人力资源的管理，包括对福利方案的维护。

缺点是：对于顾客来说，由于工人的报酬和福利均来自租赁公司而使员工的忠诚受到侵蚀。

第二节 员工招聘的途径

一、组织内部招聘

内部职员既可自行申请适当位置，又可推荐其他候选人。员工的情绪可以由此改善，同时也可降低招聘的成本费用。但是内部来源如处理不当，容易引起各种纠纷。所以招聘时一定要有固定的严格的标准，以免招聘主持人徇私舞弊、送人情或受制于人。

许多规模较大、员工众多的公司可以定期让内部职员动员自己的亲属、朋友、同学、熟人介绍别人加入公司的外勤销售行列。利用这种途径有许多优点，如由于被介绍者已对工作及公司的性质有深入的了解，工作时可以减少因生疏而带来的不安和恐惧，从而降低退职率。

内部选拔是员工招聘的一种特殊形式。严格来说，内部选拔不属于人力资源吸收的范畴，而应该属于人力资源开发的范畴。但它又确实是组织与员工招聘关系最密切的一部分工作，因此，我们放在这里一起阐述。

（1）内部提升

当组织中有些比较重要的岗位需要招聘人员时，让组织内部符合条件的员工从一个较低级的岗位晋升到一个较高级的岗位的过程就是内部提升。

内部提升应遵循以下原则：

①唯才是用；

②有利于调动大部分员工的积极性；

③有利于提高生产率。

（2）内部调用

当组织中需要招聘的岗位与员工原来的岗位层次相同或略有下降时，把员工调到同层次或下一层次岗位上去工作的过程称为内部调用。

内部调用应遵循以下原则：

①尽可能事前征得被调用者的同意；

②调用后更有利于工作；

③用人之所长。

（3）内部招聘的评价

主要优点是：①有利于激励员工奋发向上并提高员工对组织的忠诚度；②员工熟悉组织文化适应新岗位快；③领导与新岗位的员工也较熟悉，较易形成和谐的人际关系和协调的工作关系；④可充分利用现有员工的能力提高组织对人力资源投资的回报率。主要缺点是：①近亲繁殖，易自我封闭，工作中易出现"照章办事"和维持现状的倾向；②抵制或不易吸收优秀人才，不利于创新思想和新政策的贯彻和执行，使组织缺少活力；③内部自认为优秀的员工没有得到提拔重用，不仅影响员工本人还会影响其他人的工作积极性。

在组织中，内部招聘是经常发生的，当一个岗位需要招聘时，管理人员首先想到的是内部招聘是否能解决该问题。由于内部招聘费用低廉，手续简便快捷，人员熟悉，因此当招聘少数人员时常常采用此方法，而且效果也不错。但是当组织内部员工不够或者没有合适人选时，就应该采取其他的形式进行招聘。

二、组织外部招聘

1.一个组织必须不断地从外部寻求员工，特别是当需要大量地扩充其劳动力时。下列需求需要从外部招聘中满足：

①补充初级岗位；

②获取现有员工不具备的技术；

③获得能够提供新思想的并具有不同背景的员工。

2.组织外部招聘的主要途径

①大中专院校及职业技工学校

这是招收应届毕业人才的主要途径。各类大中专院校可提供中高级专门人才，职业技工学校可提供初级技工人才。单位可以有选择地去某校物色人才，派人分别到各有关学校召开招聘洽谈会。为了让学生增进对组织的了解，鼓励学生毕业后到本组织来工作，征募主持人应当向学生详细介绍组织情况及工作性质与要求，最好印发公司简介小册子，或制成录像带、印刷介绍图片。

②人才交流会

各地每年都要组织几次大型的人才交流洽谈会。用人单位可花一定的费用在交流会上摆摊设点，应聘者前来咨询应聘。这种途径的特点是时间短、见效快。但是，在这种交流会上，小型组织很难招聘到优秀人才。

③职业介绍所

许多组织利用职业介绍所来获得所需的人员。但有人认为，这类介绍所的待业者多为能力较差且不易找到工作的人。不过如果有详细的工作说明，让介绍所的专业顾问帮助遴选，使招募工作简单化，也可以找到不错的人才。

④猎头公司

猎头公司也称作高级管理人员代理招募机构，是一种类似于职业介绍机构的就业中介企业。他们专门为雇主"搜寻"和推荐高级管理人才和关键技术人才，由于它的动作方式和服务对象的特殊性，被视为一种独立的招募途径。

⑤竞争者与其他公司

对严格要求近期工作经验的职位来说，其竞争者及同一行业或同一地区的其他公司可能是其最重要的招聘渠道。约有5%的工人随时都在积极寻求或接受着岗位的变化，这一事实突出了这些渠道的重要性。进一步来说，每3个人中，特别是在经理和专业人员中，每隔五年就要有1个人变换工作。

即便是实行内部提升政策的组织，偶尔也会从外部寻找能补充重要职位的人员。当沃尔克瓦根雇用洛佩斯作为通用汽车公司的采购业务部经理时，引起了该公司的愤怒。通用汽车公司不仅担心洛佩斯会泄露公司的商业秘密，而且断言沃尔克瓦根会加紧攻击通用汽车公司其他重要管理人员的工作。奥佩尔主席声称，沃尔克瓦根瞄准的是奥佩尔和通用汽车公司的40多位经理。组织突如其来的规矩可能要遭到争议，但应当把竞争者和其他公司作为招聘高素质人才的外部渠道却是显而易见的。

小的公司更注重寻求那些受过具有很大开发资源的大公司培训的员工。例如，一家光学仪器公司认为自己的业务尚不足以提供广泛的培训和开发项目，因此一个被该组织招聘为重要管理角色的人，以前可能至少已经经过两次竞争上岗担任过这样的职位。

⑥行业协会

行业组织对行业内的情况比较了解，经常访问制造商、经销商、销售经理和推销员，如香港管理专业协会的市场推销研究社，组织可通过它介绍或推荐而获得希望转职的销售人员。

⑦大众媒体

许多组织通过网络、广播电视、报刊广告发布招聘信息并获得应聘者前来求职。还有就是通过组织员工及亲朋好友的举荐来招聘员工。

⑧失业者常常是一个重要的招聘来源

每天都有合格的求职者由于不同的原因加入失业队伍中。公司破产、削减业务或被其他公司兼并，都使许多合格的工人失去了工作。有时员工仅仅由于他们的老板的个性差异也被解雇。员工对其工作感到灰心也会使他们轻率地放弃工作。

包括那些已退休在内的老工人，也构成了一个宝贵的员工来源。虽然这些老工人经常成为消极的陈规陋习的受害者，但事实上也支持了老年人能够很好地完成一些工作这样的观点。当肯德基炸鸡公司在招聘年轻的工人遇到困难时，它就转而招聘老年人和那些残疾人，结果公司在6个月之内戏剧性地减低了空缺率和流动率。管理部门的调查显示，大多数雇主对他们的老工人评价很高。他们重视后者有很多原因，包括他们的知识、技能、职业道德、忠诚度和良好的基本文化素质。

自第二次世界大战结束以来，转业是一项使兵役服务裁减得以最大减轻的项目。由于这些人员具有真实的工作历史、灵活、目标明确、药费免费等特点，因此对许多雇主来说，有理由从这种渠道中雇用员工。另外，退伍军人的普遍特征是，他们的目标和工作取向特别适合强调全面质量管理的公司。

　　在转业处登记的雇主，可在变更布告栏里刊登长达两周或6个月的电子广告。这个广告第二天至少会被遍及全世界的350个以上的军队就业安置部门获得。因为退役军人拥有的技术范围很广，所以这种来源不应被忽视。

　　最后，个体劳动者也是一个良好的潜在招聘来源。对于要求具备公司内部技术、专业、管理或组织专门知识的各种工作来说，这些人也构成了一种求职者来源。

　　3. 外部招聘的评价

　　（1）外部招聘的优点

　　①候选人员来源广泛，具备各类条件和不同年龄层次的求职人员有利于满足组织选择合适人选的需要。

　　②有利于组织吸收外部先进的经营管理观念、管理方式和管理经验，内外结合不断开拓创新。

　　③对外招聘管理人员，在某种程度上可以缓解内部候选人竞争的矛盾。当有空缺位置时，一些人往往会通过自我"打分"而有被入选提拔的希望。如果参与竞争的人条件大致相当，竞争比较激烈，但又都不太合适，在这种情况下，从外部选聘就可以缓解这一矛盾，使未被提拔的人获得心理平衡。

　　（2）外部招聘的缺点

　　①应聘者的条件不一定能代表其实际水平和能力，因此不称职者会占有一定或相当的比例。

　　②应聘者入选后对组织的各方面情况需要有一个熟悉的过程，即不能迅速进入角色开展工作。

　　③如果组织中有胜任的人未被选用或提拔，外聘人员的做法会挫伤组织员工的积极性。如果形成外聘制度，则更需慎重决定，因为其影响面可能更大。

　　以上分析了内部招聘和外部招聘的优缺点，究竟哪一种方式选聘人员对组织更适合，这就要根据组织人力资源规划及员工变动的具体情况进行分析而定。在实际工作中，组织通常采用内部招聘与外部招聘相结合的方式配备管理人员和主管人员。而且要防止出现招聘误区：外来"和尚"好念经；高薪肯定能招聘到好人才；高学历高职称一定是好人才。

　　4. 招聘广告的制作

　　（1）基本内容：①标题，如"招募""诚聘""××单位诚聘"等。②单位的性质和经营范围等基本情况的简介。③招聘职位、人数和招聘对象的条件。④应聘时间、地点、邮编、联系方式和联系人。⑤落款，如"××有限责任公司和年月日"。

　　（2）优秀招聘广告的特征：①语言精简、凝练。②招聘对象的条件表述一目了然。③

招聘人数约是实际需求人数的 2 倍。④措辞既实事求是，又热情洋溢，表现出寻求人才的渴求和应有的尊重。

第三节　员工招聘的程序与甄选方法

一、招聘步骤

（1）初步筛选——剔除求职材料不实者和明显不合格者。

（2）初步面试——根据经验和岗位要求剔除明显不合格者（初步面试的时间一般为 5~10 分钟）。

（3）心理和能力测试——根据测试结果剔除心理健康程度和能力明显不合格者，或按一定比例淘汰低分值者。

（4）诊断性面试——诊断性面试是整个甄选的关键，经过前面三个步骤的甄选后，诊断性面试为最后决策提出决定性的参考意见。

（5）背景资料的收集和校对——根据核对结果剔除资料不实或品德不良者。

（6）能岗匹配分析——根据具体岗位需求剔除明显不匹配者。匹配分析其实贯穿于测试的全过程，但前面几道"门槛"更侧重于"选优"，到诊断性面试时，就应该对匹配度进行重点测试。

（7）体检——剔除身体状态不符合岗位要求者。

（8）决策和录用——决策是根据招聘职位的高低而在不同层次的决策层中进行，决策之后人力资源部通知录用人员并签订试用或聘用合同。

二、人员甄选常用方法

人员甄选就是在众多应聘候选人中识别出与岗位要求相匹配的人，识别的主要标准是品德、能力与经验。人员甄选方法主要有心理测验法、评价中心技术、观察判断法、纸笔测评法和面试技术等。

本章重点讲面试技术。

（一）心理测验法（第四章已讲解）

（二）评价中心技术（第四章已讲解）

（三）观察判断法

观察判断法是以观察被调试者行为反应和以往工作经验作为基本手段，判断其内在素质能力的一种方法。它是以测评人员素质为目的，借助一定的量表，在观察的基础上进行的测评活动。

1. 事件记录与关键事件法

事件记录一般包括事件的真实记录与记录者对当时事件的客观性分析两个部分。事件记录主要用来描述被测试者在异常情况下如何行事、如何对发生的情况做出特定的反应、如何找出问题的原委及解决矛盾的办法。关键事件法则是通过对被测试者在生活工作中极为成功或极为失败的事件的观察与分析来测试有关素质。

2. 检核性描述量表

检核性描述量表一般由左右两部分内容组成，左边是一些词句组成的有待检核的项目，右边是"是"与"否"的两列空格，要求被测试者选择其中的一个做记号。对于该表内的各个项目，可以根据实际需要赋予一定的分数，然后加总。

3. 观察测评量表

观察测评量表形式上类似于其他量表，也是由两部分组成。一部分是被测试的行为项目，另一部分是测评结果的表述或记录的方式。观察测评量表，从表格的内容形式上划分有简单型与综合型；从测评技术上划分有标准参照式与常规比较式；从测评的结果表述形式上有图示、数字、等级与词语描述等几种。

4. 人物推定表

它一般是由推定标准与推定结果记录两个栏目构成，同时也附有推定说明或指导。人物推定表是间接观察测评中常使用的一种工具，它的使用必须在组织内个体间关系正常与和睦的情况下才能有效。若帮派大多则不宜使用。

5. 背景考察

理论研究与事实分析表明，每个人的工作业绩、工作能力、品性等个性素质与他所生活的背景直接相关。一般来说，履历表与个人档案材料是对被测试者背景情况的详细描述。虽然这些描述是针对被测试者的过去情况，但"鉴往知来"可以作为素质测评中的一种有效测评方法。

（四）纸笔测评法

纸笔测评法是测试应聘者学识水平的重要工具。这种方法可以有效地测量被测试者在基本知识、专业知识、管理知识、综合分析能力、逻辑推理能力和文字表达能力等素质上的差异。纸笔测评法的优点是一次能够出十几道乃至上百道试题，考试的取样较多，对知识技能考核的信度和效度都较高，可以大规模地进行分析，因此花时间少，效率高，报考人的心理压力较小，较易发挥水平，成绩评定比较客观。纸笔测评法的不足主要表现在不能全面地考察被测试者的工作态度、品德修养、组织管理能力以及口头表达能力等。因此纸笔测评法虽然有效，但还必须采用其他的测评方法以取长补短。一般来说，在组织的招聘中，笔试作为应聘者的初次竞争，成绩合格者才能继续参加面试或下一轮测试。

笔试形式主要有七种：多种选择题、是非题、匹配题、填空题、简答题、回答题、小论文，每一种笔试形式都有它的优缺点。比如论文笔试，它以长篇的文章表达对某一问题的看法，并表达自己所具有的知识、才能和观念等。该方式有下列优点：易于编制试题，能测验书面表达能力，易于观察应聘者的推理能力、创造力及材料概括力；同时它也存在下列缺点：评分缺乏客观的标准，命题范围不广泛、不能测出应聘者的记忆能力。其他笔试形式的优点为：评分公正、抽样较广、免除模棱两可及取巧的答案，可以测出应聘者的记忆力，试卷易于评阅；但它也有下列缺点：不能测出应聘者的推理能力、创造力及文字组织能力，试题不易编制，答案可以猜测，有时甚至可以以掷骰子的方式来碰运气。

（五）面试技术

面试是通过主试与被试双方面对面地观察、交谈等双向沟通方式，了解应试人员素质状况、能力特征及求职应聘动机的一种人员考选技术。这种人员考选尽管可能会与笔试、人事传记资料审核法、推荐书和其他人事资料发生重复的现象，但是它比笔试或查看人事传记资料更为直观、灵活、深入，可以判断出这些方法无法看出的人的属性或者层面，它不仅可以评价出应试者的学识水平，还能评价出应试者的能力、才智及个性心理特征等。

1.面试过程共分为五个阶段：

第一阶段：预备阶段

第二阶段：引入阶段

第三阶段：正题阶段

第四阶段：变换阶段

第五阶段：结束阶段

预备阶段主要是以一般的社交话题进行交谈，使应聘人员自然地进入面试情景之中，以消除他们的紧张心理，建立和谐、友善的面试气氛。

至此，应聘人员的情绪逐渐稳定下来，开始进入第二阶段，即引入阶段。这阶段主要围绕其履历情况提出问题，给应聘者第一次真正发言的机会。

第三个阶段进入面试的实质性正题，主要是从广泛的话题来了解应聘人员不同侧面的心理特点、行为特征，以及能力素质等。因此，提问的范围也较广，主要是为了针对应聘人的特点获取评价信息。评价的内容基本是面试"评价表"中所列的各项要素。

面试的最后一个阶段是结束阶段。面试的结束应该自然、流畅，切不要给应聘人员留下某种疑惑、突兀的感觉。

2.面试前的资料准备

（1）面试对象登记表的内容：

①基本背景情况：如年龄、性别、身体状况等；

②教育背景：学历、毕业学校和专业、在校成绩及所受的奖惩；

③培训经历：接受过哪些培训，培训时间、地点、内容、强度、培训者等；

④工作经验：曾任职务、服务单位、工作职责、薪酬以及离职原因等；

⑤过去突出的成就；

⑥具备的特殊知识；

⑦技术专长、性格特征以及兴趣爱好等。

（2）面试前的几轮测试成绩和演讲稿

①笔试成绩；

②人—机对话（心理测试）的成绩和评价；

③模拟考试；

④外语成绩；

⑤竞聘演说的演讲稿；

⑥收集其他的信息。

（3）设计面试评价量表和面试问话提纲

面试评价量表由若干评价要素构成，是面试过程中考官现场评价和记录应聘者各项要素优劣程度的工具，它应反映出工作岗位对人员素质的要求。注意，评价要素必须是可以通过面试进行评价的。由于面试没有标准答案，评分往往带有一定的主观性，为了使面试评分尽量具有客观性，设计评价量表时，应使评分具有一个确定的计分幅度及评价标准。面试问话提纲要根据所选择的评价要素以及从不同侧面了解应聘者的背景信息来设计，它由两部分构成：一是通用问话提纲；二是重点问话提纲。

3. 面试的重点内容是：

（1）仪表风度。这是指应试者的体格外貌、穿着举止以及精神状态等。① 观察面部表情。在面试过程中，被试者的面部表情会有许多变换，主试必须能够观察到这种表情的变换，并判断其内在心理。面试者借助对被试者面部表情的观察与分析，可以判断被试者情绪、态度、自信心、反应力、思维的敏捷性、性格特征、人际交往能力、诚实性等素质特征。②观察身体动作。在面试过程中，人的身体、四肢的运动在信息交流过程中也起着重要作用。非言语交流的躯体表现包括手势和身体的姿势，按照某些行为科学研究者的看法，手势具有说明、强调、解释或指出某一问题、插入谈话等作用，是很难与口头的言语表达分开的。此外，身体姿势的改变也是身体语汇中最有用的一种形式。因此，在面试中观察这种改变可以得到从对方言语交流中得不到的东西。

（2）求职动机与工作期望。了解求职者为何希望来本单位工作，对哪种职位最感兴趣，在工作中追求什么，判断本单位所能提供的职位或工作条件能否满足其工作要求和期望。

（3）专业知识与特长。了解应试者掌握专业知识的深度和广度，将其专业知识与特长是否符合所要录用职位的专业要求的评价，作为对专业知识笔试的补充。

（4）工作经验。这是面试过程中所要考查的重点内容。此项内容，是通过了解应试者的工作经历，来查询其过去工作的有关情况，以考查其所具有的实践经验和程度。通过考查工作经验，主试人还可考查出报考人的责任感、主动精神、思维能力以及遇到紧急情况时的理智状况。

（5）工作态度。这里面有两层含义：一是了解报考者过去对工作、学习的态度；二是对要报考的职位的态度。

（6）事业进取心。事业心、进取心强烈的人，一般都确立有事业上的奋斗目标，并为之而积极努力。这表现在工作上兢兢业业、刻意追求、不安于现状，努力把工作做好，工作中常有创新；进取心不强或没有什么进取心的人，必然是无所事事、安于现状，不求有功，但求能敷衍了事，因此对什么事都不热心。这样的人是难以做好本职工作的。

（7）语言表达力。面试中被试者是否能对主试所提的问题通过分析抓住事物本质，并且说理透彻、分析全面、条理清晰。

（8）综合分析能力。面试中被试者是否能对主试所提的问题通过分析抓住事物本质，并且说理透彻、分析全面、条理清晰。

（9）反应能力。反应能力，即头脑的机敏程度。面试时，报考人对主持人所提问题能否迅速、准确地理解并尽快做出相应的回答，而且答案简练、贴切，反映出他头脑的机敏程度的高低。

（10）自我控制能力。在面试中，对管理阶层人才的考选，自我控制能力的考察也是一项重要内容。一方面，在遇到上级批评指责、工作有压力或是个人利益受到冲击时，能够克制、容忍、理智地对待，不致因情绪的波动而影响工作；另一方面干工作要有耐心和韧劲。

（11）人际交往倾向及与人相处的技巧。在面试中，通过询问被试经常参与哪些社团活动，喜欢和什么样类型的人打交道，在各种社交场所扮演的角色，可以了解其人际倾向及与人相处的技巧。

（12）精力和活力。在面试中，通过了解被试喜欢什么运动，每天的运动量等，可以考察其精力和活力。

（13）兴趣与爱好。被试者休闲时间爱好从事哪种活动，喜欢阅读哪些书籍以及喜欢什么样的电视节目，有什么样的嗜好等，由此可以了解一个人的兴趣与爱好，这对录用后的职位安排同样也是有益的。

4.面试的方式：

(1) 个人面试

面试时只有一位主考官或应聘面试者为一个人，前者多用于小规模招聘以及较低职位员工的招聘。

(2) 小组面试

小组面试指由多个面试考官组成的面试小组，或多个应聘者集体面试，就一些问题展开讨论，主考官可在一旁就应聘者的素质、能力等进行观察评价，加以甄选。

(3) 结构化和非结构化面试

结构性面试是指正式面试之前预先设计好了面试的问题和评价标准，每个面试对象的问题都是一样的，按预先设计好的计划进行。非结构性面试是指在面试前只有一个大致的计划，预先没有设计好完整的面谈内容、所提问题和评价标准，一切随面试过程中的具体情况而定，每个面试对象的问题都不一样，问题相当弹性。面试结束后，主考官就获得的印象对应聘者做总评，这是一种灵活性较大的面试方式。

（4）渐进式面试

这是一种多轮面试方法。每一轮面试都将不合格人员加以淘汰，同时进入面试的轮次越多，说明面试等级越高。

（5）情境面试

在结构化面试基础上，根据工作说明书向面试者提出与工作有关的问题。情境面试能够增加对人才能岗适宜性的考察，但应聘者由于欠缺相关工作经验而难以作答，并不是他们没有相关能力。

（6）压力面试

在面试时考官提出一系列直率（甚至不够礼貌、找茬、挑错）的问题，置应聘者于窘境，使其不舒服或感到压力然后观察其在压力下的反应。

（7）组合式面试

适用于高级职位的应聘，是前面几种方式的组合，特点是面试内容多。

5. 招聘技巧（STAR技巧）：面试时要根据应聘者所提供的材料，了解其取得成绩的背景（Situation），分析其个人起的作用大小；为完成工作都有哪些任务（Task），了解其经历或经验是否与空缺岗位相适宜；采取了怎样的行动（Action），如方法、手段，了解其工作方式、思维方式和行为方式；结果（Result）是什么，好还是不好，原因是什么？

6. 面试考官必须规避的错误

（1）"眼缘"产生的错误：应聘者一进入考场，考官的第一印象是从"眼缘"开始的，有的考官第一眼看顺眼了，那么下面的判断就可能出现偏差。

（2）"心缘"产生的错误：应聘者可能在兴趣、爱好、价值观等方面与考官"心有灵犀一点通"，这种"心缘"会导致考官与应聘者的"息息相通"，甚至有"知己"的感觉，这种感觉一旦产生，就可能使考官的判断有失公正。

（3）"前紧后松"或"前松后紧"：给应聘者打分，前后尺度不一致，由于经验不足或对申请者的整体情况认识不清，经常出现"前紧后松"或"前松后紧"的情况。

（4）"近期效应"或"重要事件效应"：竞聘上岗是内部获取人力资源，大部分考官均与应聘者认识，因此，应聘者的近期表现可能会对考官产生较大的影响，使考官以偏概全。有时一些特殊事件也会产生效应，影响考官的判断，如某一次组织歌咏比赛，某人得了第一名；某一次重要球赛，某人表现得特别优秀等。

（5）对岗位信息不了解。

7. 面试题的制作

A. 定型面试题的制作应注意以下几个方面：

（1）必须有一定的情景或背景资料。

（2）没有统一答案，留有充分的回答空间。
（3）每种答案都能表达面试者某一方面的能力或特征。
（4）面试者无须事先准备，均可利用过去的知识和经验回答。
（5）留给主考官继续提问的线索。

三、人员甄选方法的比较

国外学者曾以效度、公平性、实用性、花费代价等四个指标对各种甄选方法进行了比较研究，结果发现：观察评定和背景分析方式的效度最高，面试效度最低，心理测验、观察评定、情景模拟测评方式的公平性最高；面试和背景分析实用性最高；心理测验和背景分析花费代价最低。

表 5-1 各种甄选方法比较

比较指标	效度	公平性	实用性	花费代价	采用广度	高级管理人员甄选	基层管理人员甄选	普通员工甄选
智力测验	中	中	高	低	多	√	√	×
职业能力测验	中	高	中	低	少	√	×	×
人格品德测验	中	高	低	中	少	√	×	×
情景模拟测验	中	高	低	中	多	√	×	×
观察评定	高	高	低	高	少	×	×	√
诊断面试	低	中	高	中	多	√	√	√
背景分析	高	中	高	低	多	√	√	√

第六章　员工培训

第一节　员工培训概述

任何组织的管理，只要涉及人员的聘用、选拔、晋升、培养、人员配备等项工作，都离不开员工培训。员工培训可以增加人力资本存量、强化人力资本积累，是实现组织目标的主要推动力之一。

一、员工培训的含义和特点

员工培训是指一定组织为开展业务及培育人才的需要，采用各种方式对员工进行有目的、有计划的培养和训练的管理活动。其目标是使员工不断地更新知识，开拓技能，改进员工的工作动机、态度和行为，使其适应新的要求，更好地胜任现职工作或担负更高级别的职务，从而促进组织效率的提高和组织目标的实现。其作用模型如图6-1所示。

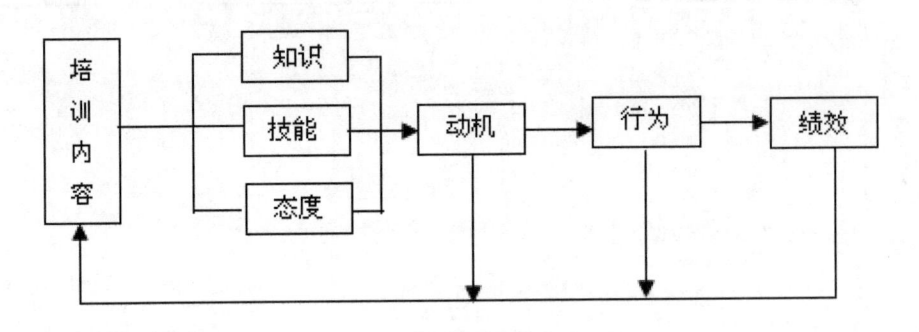

图6-1　员工培训作用模型

员工培训的目标可以从以下两个层面来考察：从组织方面看，员工培训就是要把由于员工的知识、能力不足及员工态度不积极而产生的机会成本的浪费控制在最小范围；从员工个人方面来看，培训可以提高员工自身的知识水平和工作能力，达到员工自我实现的目标。员工培训具有以下特点：

1.培训的主要目的是提高员工的绩效和有利于实现组织的目标。当一个组织提出一项培训计划时，必须准确地分析培训成本和收益，考察它对组织目标实现的价值。

2.员工培训的直接任务是提高员工的知识、技能，改进员工的工作态度和行为，即体现在育道德、树观念、传知识和培能力四个主要方面。其中前两者是软性的、间接的，后两者是硬性的、直接的，是员工培训的重点。

3.员工培训是员工职业发展和实现自我价值的需要。现代人力资源管理理论认为，一个组织成员在为组织做出贡献的同时，也要尽力体现自身价值，不断自我完善和发展。有效的员工培训活动不仅能够促进组织目标的实现，而且能够提高员工的职业能力，拓展他们的发展空间。

4.员工培训是组织开展的有目的、有计划、有针对性、有步骤的系统管理行为。必须确立特定的培训目标，提供特殊的资源条件，遵循科学的培训方法和步骤，进行专门的组织和管理。

二、员工培训的地位与作用

员工培训是人力资源开发和管理的基本核心。组织中人力资源管理主要包括五个部分：员工招聘、人员配备、选拔与录用、绩效评价、奖酬实施。培训工作贯穿于人力资源管理的各个环节。

1.培训与员工招聘。一方面，培训的需求分析可以作为员工招聘的基本标准；另一方面，所有被招聘的各类员工都必须接受不同层次、不同类别的岗前培训，以建立相应的职业观念、职业规范和职业技能。招聘的员工是培训的第一对象。

2.人员配备考虑的是在不同的工作岗位上安排与其相适宜的员工。它要求员工素质、工作能力、行为特点等与工作性质相匹配。寻求工作与员工匹配的主要手段就是培训。

3.员工选拔与任用是使优秀员工进入更高一层的工作岗位，通过培训使这些员工更好地适应新的岗位的要求。

4.工作绩效评价与员工培训的关系是相辅相成的，任何培训都是从评价开始，以评价结束。当绩效评价结果不能满足工作需求时，就需要对员工进行培训然后再以工作绩效来考核培训的效果。

5.奖酬实施既包括劳动的正常所得，也包括激励的奖酬部分。培训与奖酬实施的关系是间接的，通过培训可以提高员工的工作绩效，在为组织创造更多效益的同时，员工获得的奖酬也会得到相应的增加。

三、员工培训的类型

员工培训的类型从不同的角度有着不同形式的划分。同时，在这种不同形式的类型划分中，我们也可以认识员工培训的内容、对象、途径和层次等基本内容。

（一）知识培训、技能培训、态度培训

从培训的内容来看，常见项目达50余种。如领导技能、业绩评估、人际关系技能、个人电脑实务、招聘与选择、时间管理、决策技能、新设备操作、信息沟通、安全常识、

产品知识、全面质量管理、公共演讲技能、目标管理、信息管理系统、计算机编程、多元化管理、书写技能、谈判技巧、市场营销、财务管理、职业道德、阅读技巧、外语、推销技能、人力资源管理、生产管理、大众心理学、追求卓越心态，等等。可以归纳为三类：

1. 知识的培训。通过培训使员工具备完成本职工作所需要的基本知识，了解组织的基本情况，如组织的发展战略、目标、经营状况、规章制度等。

2. 技能的培训。目标是使员工掌握从事本职工作的必备技能，如操作技能、处理人际关系的技能、谈判技能等，并以此培养、开发职工的潜能。

3. 态度的培训。通过这方面的培训建立起组织与员工之间的相互信任关系，培养员工对组织的忠诚及积极的工作态度，增强组织观念和团队意识。

（二）导向培训、在职在岗培训、在职脱产培训

1. 导向培训又称新员工培训，即指对刚被招聘进企业、对内外情况生疏的新员工指引方向，使之对新的工作环境、条件、人际关系、应尽职责、规章制度、组织期望有所了解，使其尽快融入组织之中的一系列培训活动。新员工导向培训应首先让新员工感受到组织重视他们的到来；其次，要让他们对组织和他们即将从事的工作有较为详细的了解；再次，要让新员工对组织的发展前途与自己的成功机会产生深刻的认识。新员工导向培训的深层意义在于培养员工对组织的归属感，包括对组织从思想上、感情上及心理上产生认同、依附感并投入其中，这些是培训员工对组织责任感的基础。

2. 在职在岗培训，指在工作中直接对员工进行培训，是通过聘请有经验的工人、管理人员或专职教师指导员工边学习边工作的培训方式。在职在岗培训是一种历史悠久、采用最普遍的培训方式，也是一种比较经济的方式。在职在岗培训不仅仅使员工获得完成工作所需要的技能，还可以传授给员工其他的技能，如如何解决问题、如何与其他员工沟通、学会倾听、学习处理人际关系等。

3. 在职脱产培训，指为有选择地让部分员工在一段时间内离开原工作岗位，进行专门的业务学习与提高的培训方式。其形式有举办技术训练班、开办员工业余学校、选送员工到正规院校或国外进修等。脱产培训花费较高。随着企业人力资本投资比例的增加、组织对员工工作效率的日益重视，在职脱产培训在一些实力雄厚的大型企业和组织严密的机关事业单位将会得到普遍采用。

（三）各层次、各职能的培训

1. 各层次培训是指对经营及管理的各层次（上、中、下层）和各项职能部门员工所进行的培训，也称纵向培训（如图6-2所示）。

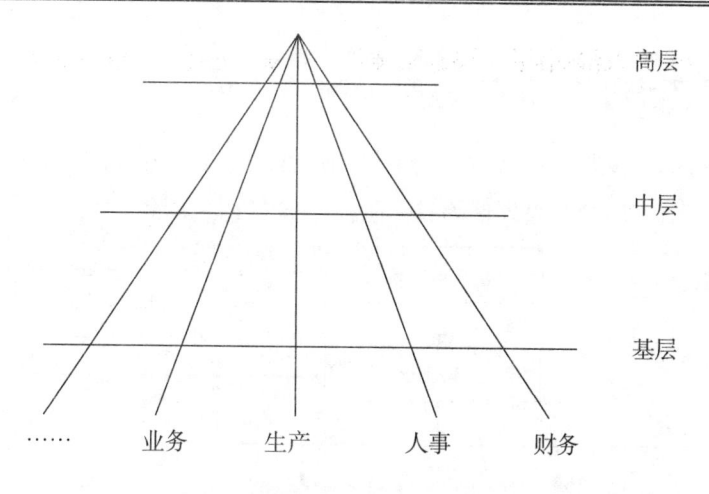

图 6-2　各层次、各职能的培训示意图

组织中的高层管理人员应具有丰富的工作经验和杰出的才能。因此，对他们的培训主要应达到以下目的：(1) 使高层管理者能有效地运用自己的经验，发挥自己的才能；(2) 帮助管理者及时发现和理解组织外部环境和内部条件的变化；(3) 帮助高层管理者提高和完善工作中的专门技能；(4) 帮助新上任的高层管理人员迅速了解组织的战略方针，以尽快适应工作。

组织中的中、基层管理人员在组织整体利益与下属员工利益之间，很容易发生角色冲突和矛盾。在他们担任中、基层管理职务后，必须通过培训尽快掌握必要的管理技能和工作方法。

专业技术人员和一般员工的培训。专业技术人员培训指对财务人员、工程技术人员等的培训，这类培训对象都有自己的业务范围，掌握着本专业的知识技能。在现代组织中，团队工作方式日益普遍，如果各类专业人员局限于自己的专业领域，彼此之间缺乏沟通与协调，必将妨碍团队的工作。培训的目的首先是让他们了解别人的工作，使他们能从组织整体出发开展工作。其次，不断更新专业知识，及时了解各自领域内最新动态和最新知识。一般员工的培训主要依据工作说明书和工作规范的要求，明确权责界限，掌握必要的工作技能，培养与组织相适应的工作态度与行为习惯，使之有效地完成本职工作。

2. 各职能培训，也称横向培训，指对经营及管理的各职能部门（业务、生产、人事、财务、研究开发等）人员所进行的培训，目的是使员工明确各职能部门的职业分工、操作规程、权责范围。它有以下三个特点：(1) 强调培训的专业性，即针对不同职能部门人员进行不同类型的知识、技能培训；(2) 强调专业知识和技能的层次，对同一职能部门相同专业的不同员工分别提出不同的专业技能要求，以适应不同职务不同岗位的需要；(3) 强调培训的适应性和前瞻性，即根据变化了的外部环境和人员结构，以及预期未来组织生存状况，适时地开展某些专业的培训，以调整组织内员工素质结构，适应外部形势，或为未来储备必要的人才。

四、员工培训的基本程序

从人力资源的开发与管理来看，员工培训通常分为员工培训需求分析、员工培训计划的制订与实施、员工培训效果评估等三个阶段。如图6-3所示。

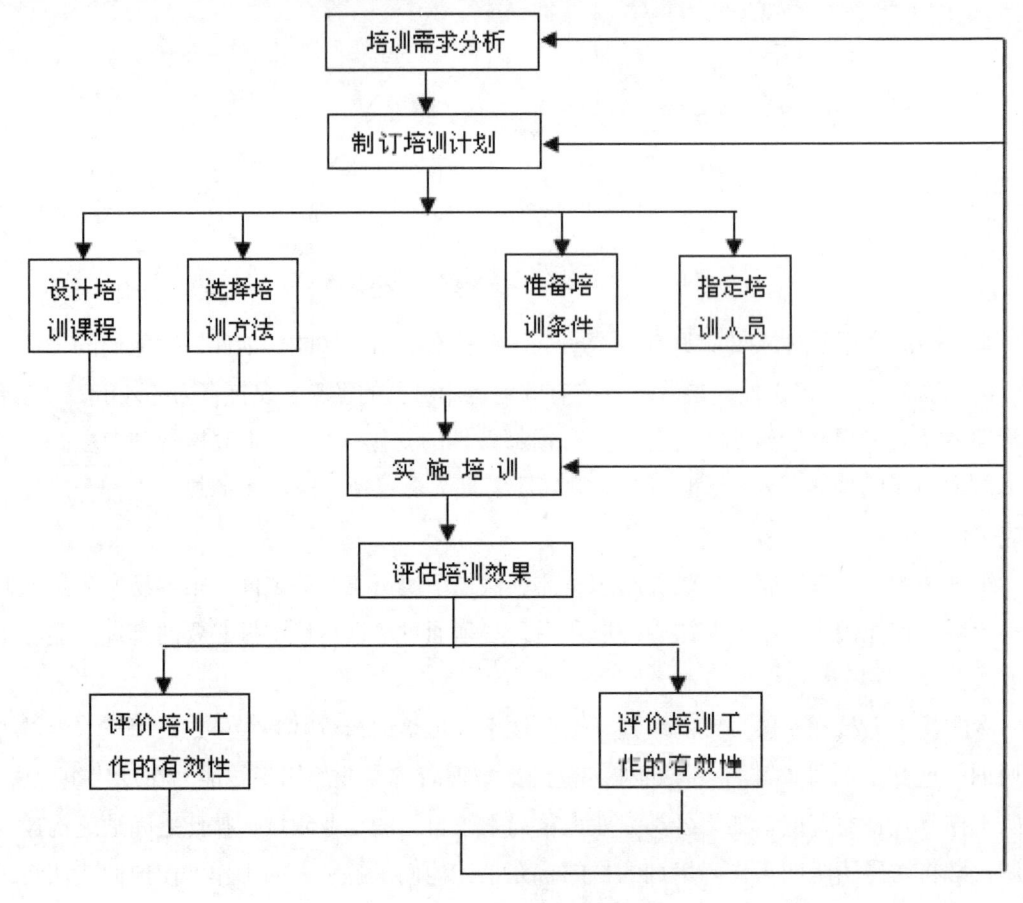

图6-3 员工培训的基本程序

第一阶段：员工培训需求分析。首先要界定组织所处的外部环境，再根据相应的组织发展战略，提出对员工素质能力的要求；其次要对员工现有的实际素质能力进行科学测评，以找出理想状态与现实情况之间的差距；然后，对这些差距进行分析，以确认哪些差距可以通过培训来弥补。在具体操作过程中应重视两点：第一是科学分析本组织员工应具备的素质能力，这需要人事部门负责人根据组织发展战略和组织发展的特殊要求详细地提出；第二是科学测评员工的实际素质能力，这需要分析人员与部门负责人的通力合作。这一阶段的任务是通过科学的分析方法，详细地给出组织员工培训的质的要求和量的需求。

第二阶段：员工培训的计划与实施。培训项目设计阶段主要是进行课程设计，包括设计培训目标、培训方法、培训媒体、课程内容简介、案例和各种活动等。在完成上述培训需求分析之后，就可以根据培训要解决的问题制订周密的培训计划，设置培训课程，选择培训方式和落实培训人员（教员和员工），拟定培训时间和地点，并进行成本核算。在实施过程中，要注意具体落实计划中的各部分内容，同时也要加强管理和监督，以确保培训工作有序进行。培训管理者还应针对实施中遇到的问题随时调整培训方法，征询培训师和受训者的意见和建议，加强培训控制，在动态管理中使培训达到最佳效果。

第三阶段：员工培训效果评估。其主要包括对课程设计、培训方式和授课效果的评估，以及对受训者返回岗位后工作状况的定期跟踪反馈。应重视以下两点：第一是对培训效果的评估，这可以在培训结束后，再次组织人事测评专家和部门负责人对每一个受训人员进行素质能力的测评，与初次的测评结果相比较，以判断此次培训的效果；第二是建立每个人员的素质档案，对受训者进行定期的训后跟踪反馈，为制订下一批员工的培训计划提供现实依据，也为对该受训者的下一轮培训做好准备工作。

第二节　员工培训需求分析

员工培训的计划与决策是以企业员工培训需求分析为基础的。所谓员工培训需求分析，是指在规划和设计每项培训活动之前，由企业教育培训部门、主管人员、工作人员等，采用各种方法和技术，对组织战略目标及其内外环境，企业各项工作特性、标准及其所要求的知识技能，对企业员工的知识、技术、个人特质等，进行科学、系统的鉴别与分析，以确定是否需要培训和培训内容的过程。它既是确定培训目标、制订培训规划的前提，也是进行培训评估的基础，因而成为企业员工培训的首要环节。

一、三个层次上的员工培训需求分析

员工培训所能满足的需求分析表现在三个层次上：组织分析，着重于确定组织范围内的培训需求；作业分析，试图确定培训的内容——员工达到令人满意的工作绩效所必须掌握的东西；个人分析，确定每一个员工完成各项工作任务和职业生涯开发所需要的教育培训。

1.组织分析。从总体的角度来看，培训需求的分析不能违背组织的目标和战略，否则，尽管在培训项目上投入了大量的时间和金钱，对组织来说却徒劳无益。比如，人们可能会在培训中重复地训练员工已经掌握的技能；培训计划可能会在"修补漏洞"阶段徘徊，受训员工自己会感到轻松、愉快，但却学不到工作急需的技能和知识。

因此，对培训需求的组织分析要围绕组织的目标和战略，从企业发展的角度动态地来衡量。组织的外部环境和内部气氛，如经济技术环境的变化、政府政策的倾向、生产率、事故、主动离职率、士气以及员工工作行为，都提供这方面的信息。在收集分析这些信息的过程中，要使培训过程能引起员工行为向有利于实现组织目标的方向转变，把对培训需

求的估计与组织要达到的目标联系起来。

2. 作业分析。首先要结合工作标准，明确达到工作标准特征及其对员工的知识、技能、才干及其他一些特性的要求，从而确定培训的需求；其次，结合组织现有技术资源，了解企业外部的技术、知识所达到的新高度，差距越大，培训的需求越大。前者可以从分析绩效评价、做出问题分析（质量控制、工时报告、顾客反映）等方面获得分析情报，后者则源于对企业内部技术环境和外部技术环境的信息收集。

3. 个人分析。在这一层次上，一方面员工培训需要可以由下面的简单等式来定义：

理想工作绩效－实际工作绩效＝教育培训需要

理想的工作绩效，可以作业分析阶段的绩效标准来表示。个人的工作绩效数据、上司给员工的评定、员工工作日志、态度调查、测验等可以提供实际工作绩效的数据。实际绩效与理想绩效之间的差距可以由教育培训来缩小和弥补。另一方面，根据员工的职业生涯发展设计，员工个人为了将来的发展需要做出相应的培训，如多技能培训、拓展知识范围等。

需要指出的是，为了估计培训的结果及将来的培训需要，对培训需求的分析必须形成一种制度，定期进行。事实上，教育培训部门在需求分析阶段需收集的信息主要包括以下方面：第一是与战略计划有关的组织的信息；第二是与培训环境有关的信息；第三是与组织经营运作有关的信息；第四是与员工有关的信息，如现状和发展的情况等。

二、员工培训需求分析方法

培训需求分析的具体操作方法包括必要性分析方法、全面性分析方法、绩效差距分析方法。

（一）必要性分析方法

所谓必要性分析方法，是指通过分析信息或资料，以确定是否通过培训来解决组织存在问题的方法。

一个企业往往存在不少问题，产生问题的原因可能是多方面的，培训不一定是解决问题的最佳方法。因此，需要对本组织进行细致的检查、诊断，以确定是否需要通过培训来解决问题。例如，日常出现下述情况：不知怎样有效地工作，且实际工作无效率。假设调查资料表明，员工不能有效地工作是因为他们不具备有效工作所必需的知识、技术和能力，那么这些工作人员就需要培训。倘若另一种情况，员工知道如何有效地工作，但工作无效率。在此情景下，经理人员希望做得好些，于是决定培训这些员工，那么他犯了最大的错误。因为如果员工已经知道怎么做，那么他们就已经具备了必需的知识、技能和能力，无须立即接受培训。问题症结在于组织方面，应诊断组织的技术状况（如厂房、地理位置、设备、金融资产等）、组织的机构状况（如行政机构、定期的使命和目标、规章制度、事业发展体制、评估体制等）、组织的管理状况（如管理理念、生产、技术、人力资源等管理制度与方法、激励机制等）等方面是否出现问题，相应地应通过管理决策、组织变革来解决。

培训必要性分析具体的方法与技术，主要有观察法、问卷法、关键人物访谈、文献调查、采访法、小组讨论、测验法、工作样本法等。这些具体方法各有所长、各有其短，可以互相补充、多样采用，以使收集的资料可信、可靠、无误，使培训必要性分析科学、准确，切实可行。

（二）全面性分析方法

教育培训的全面性分析方法，是指通过对组织及其成员进行全面、系统的调查，以确定理想状况与现有状况之间的差距，从而进一步确定是否需要培训及培训内容的一种方法。它是培训需求分析经常采用的一种方法。

如果一个组织从未应用过全面分析方法，那么组织的工作分析必须详细而谨慎地进行，从而保证对组织进行系统、全面的研究。如果组织过去已被系统而全面地分析过，那么重新全面分析是相对简单的过程。需要特别注意的是，由于组织及其工作在不断地创新、变革，为教育培训目的而进行的工作分析不是一次性的，而是持续的。

采用全面性分析方法进行培训需求分析，一般需经过以下主要环节：

1. 计划阶段。它包括两部分内容：一是确定工作分析计划的范围和资源；二是任命一个咨询团体。它能够为资料收集设计和后续阶段的反馈提供咨询服务。

2. 研究阶段。此阶段主要是研究目标计划，进行认真而详细的工作分析，对每项工作有总体上的描述。

3. 任务或技能目录阶段。一是将工作分解为多项任务，形成一个完全详细的任务目录清单；二是把工作剖析成多项任务，然后形成一个描述任务完成所需的技能目录。

4. 任务或技能分析阶段。前述几个阶段主要集中在全面工作描述方面，尚未分析各个维度的功能。此阶段第一项功能是，评估所有工作任务的重要性；此外，频率（一定时间内从事一项任务的次数）、熟练水平、严重性（何种任务若执行不当、不合理将会产生严重后果）、责任感的强弱程度等维度，均当在该阶段进行分析。

5. 规划设计阶段。在前述阶段所进行工作的基础上，评价、选择、规划培训对象、时机、方式、途径，以及地点、课程设置等。

6. 执行新的或修正的培训规划，这是全面性分析方法的最后一个环节，可以从局部试验开始。局部试验有利于修正和完善原有培训规划，保证培训规划顺利实施。在培训规划的全面执行过程中，要注意规划的组织、协调、控制和评估等环节。

全面性分析方法既鼓励人们应用已有的诸多资料，又提供了许多新的信息资料，对企业人力资源开发与管理的有效进行产生极大益处。当然，全面性分析方法并非十全十美，其耗资多、耗时多；在工作迅速变革时，它不能及时做出反应。

（三）绩效差距分析方法

绩效差距分析方法，也称问题分析法，它主要集中于解决问题而不是系统分析，是比全面性分析方法更深刻、更直接的方法。一般来说，应用绩效差距分析方法进行培训需求分析时，经过如下环节：

1. 发现问题阶段。发现并确认问题，是绩效差距分析方法的起点。理想绩效与实际绩效差距是问题的一个重要指标，包括生产力问题、士气问题、技术问题、变革与创新的需要等问题。

2. 预先分析阶段。通常情况下，这是由培训者进行的直观判断阶段。在这一阶段需做两项决定，一是关于一般方法问题的。倘若发现了系统、复杂的问题，那么就有可能回到全面性分析方法的任务或技能目录阶段。如果问题相对集中、简单、易解决，那么就可以继续应用绩效差距分析方法。二是决定应用何种工具收集资料。例如，获得信息资料的一种出色方式是形成咨询团体、培训委员会和技术委员会。这类团体在清晰地确认问题时很有帮助，在为教育培训需求分析的全过程提供技术咨询和实际建议方面也很有用。

3. 资料收集阶段。收集资料的方法和技术有多种，可以结合起来运用。经常采用的技术有如下几种：

扫描工具是收集目标环境问题的一种技术，主要有命名团体、结构性观察、文献调查三种形式。

分析工具是一种比扫描工具使用范围更窄、更集中的资料收集方式，主要有三种方法和技术：面谈法、问卷法、菜单调查法。

战略资料的收集，主要集中在关于组织变革与改进的关键信息上。随着外环境的变化，组织总是处于不断变革之中，因此要注意收集反映组织变革趋势的有价值的信息，洞察组织发展规律，评价培训需求。

4. 需求分析阶段。这种分析要考察实际个体绩效同工作说明之间的差距，也考察未来的组织需求和工作说明。因此，需求分析分为工作需求、个人需求及组织需求。

5. 需求分析结果。上述需求分析，可能有三种结论：一是由于发现的问题是不可能再发生的特殊情况的产物，或者发现的问题具有自我改正机制，或者培训规划依据新情况重新调整，于是组织与个体，都不需要任何变化。二是对于所发现的问题，解决的最有效方式是通过组织干预（如政策变化），而不是通过培训解决问题。三是必须通过新的或者修正的教育培训规划解决问题。

绩效差距分析方法同全面性分析方法相比，有其明显优点。首先，花费资金少、耗费时间短。其次，该方法具有较强适应性，能适应外部环境的变化。最后，绩效差距分析方法在解决某些特殊问题时非常有效，其不足之处在于不能建立一个系统的资料基地。此外，绩效差距分析方法由于没有大规模系统地研究组织及工作的详细内容，也就不能为培训者提供工作分析的详细资料。

三、员工培训的预算和可行性分析

员工培训需求分析提供了主观上对教育培训的需求，在客观上，教育培训是否可行则是问题的另一方面。由于企业人力资本教育投资的特殊性，对其成本估计和预算控制较为容易，但对其收益估算则存在较大困难。因此，现有的进行可行性分析的技术和方法仍需不断完善。较常用的方法是差量分析法。差量分析是指在充分分析投资与不投资两种备选方案的差量收入、差量成本和差量利润的基础上，从中选择可行方案的方法。它本是一种决策分析方法，但当其是在投资与不投资两个方案间进行比较决策时，则为企业教育培训是否可行提供了依据。

差量分析一般为四个步骤：

①计算两个方案的差量收入；

②计算两个方案的差量成本；

③计算两个方案的差量利润；

④比较最优方案，分析方案的可行性。

使用差量分析方法，关键在于明确要达到的目标，以及该目标达到后预计能够获得的收益，所以在确定报告目标时要尽量具体化，用一定的量化指标来反映。

第三节 员工培训计划与实施

一、制订培训实施计划

（一）了解学习的规律及员工学习的特殊性

制订培训计划之前，首先要了解学习的规律及员工学习的特点。由于培训的成败经常与学习的原则相关联，因此，应了解不同培训方式或技巧的使用效果。现代培训要求注意以下几个方面：第一，应设定学习目标，如课程的路线图，明确学习要点；第二，尽可能提供有意义的学习材料，如一些丰富多彩的实例；第三，多安排行为示范，通过学习正确行为的模仿和错误行为纠正使员工明确如何去行动；第四，重视员工的个体差异；第五，积极提供机会让员工参与实践；第六，注意将培训内容的整体学习与部分学习相结合；第七，注意在时间上将系统学习和分段学习相结合；第八，通过积极的反馈与检查来激发员工的学习动力；第九，通过及时的鼓励使员工产生成就感来实现学习的强化。

员工培训应该树立他们的自尊与自信，而不是破坏他们的自尊与自信。要让员工有机会提问，并回答他们的问题。让他们在小组中与大家分享自己的知识专长和个人经验。在培训中，要让员工自己形成看法，自己找到答案，而不是告诉他们该干什么、什么时候干。

最后，为了满足员工对实用性知识的要求，培训中提供的信息和技能要能很快应用在工作中。培训者要选择员工可能面对的实际问题和情景案例，这样员工就能把观念化的信息与实践建议结合起来，并把观念运用在工作中。

（二）培训计划的内容

培训计划一般应包括以下几个方面的内容：

1. 确定培训对象与目标。培训对象是解决培训谁的问题及受训人员的数量，培训目标是根据培训需求分析结果，指出员工培训的必要性及期望达到的效果。好的培训计划可以为培训工作提供明确方向，为确定培训对象、内容、时间、教师、方法等具体操作内容提供依据，并可以在培训之后，对照此目标进行效果评估。从某一培训活动的总体目标到每堂课的具体目标，培训目标可分为若干层次。目标的设置也要注意与企业的宗旨相兼容，切实可行、陈述准确。

2. 安排培训课程及时间进度表。这一过程其实是培训目标的具体化和操作化，即根据培训对象、培训目标及要求，确定培训项目的形式、学制、课程设置方案及教学方法，拟定培训大纲、培训内容、培训时间，选择教科书与参考教材、任课教师等等。为受训人员提供具体的日程安排与详细的时间安排。培训计划应将总体计划及各分项目标计划实施的过程、时间跨度、阶段划分用简明扼要的文字或图表表示出来。

3. 设计培训方式。在培训中，可视需要及许可条件选择一系列培训方法，如讲授法、开会研讨法、案例研究法、行为示范法、工作轮换法、角色扮演法、管理游戏法、现场培训法等，可采取以其中一两种方法为重点、多种方法变换组合的方式，使培训效果达到理想状态。而培训方法的设计也要注意受训者的知识层次和岗位类型，如案例研究对管理者和科技人员比较适合，但对操作人员来说，现场培训和授课方法的效果可能会更好。

4. 培训实施机构及经费预算。实施培训的机构分组织内部培训和组织外部培训两种。一般来说，派员工参加组织外部的培训其费用都按培训单位的收费标准来支付。组织内部培训的经费预算则应包括多种项目，常见的是组织内部自行培训、聘请培训师来组织培训和聘请培训公司来组织培训等形式，其开支预算是不一样的，主要包括培训师及内部员工的工资、场地费、设备材料的损耗费、教材及资料费用等等。培训计划应对所需经费做出详细预算。

5. 培训设施及控制措施。培训设施的好坏对培训效果有重大影响，因此要从视觉效果、听觉效果、温度控制、教室大小和形状、座位安排、计算机辅助教学设备、交通条件生活条件等方面计划好培训环境。为保证培训工作的有序进行，应采取一定的措施及时跟踪培训效果、约束员工行为、保障培训秩序、监督培训工作的开展。常见的控制手段有签到登记、例会汇报、流动检查等。这也是培训计划中的一项重要内容。

二、培训的具体实施

1. 确定培训师。组织要培养一位合格的培训师成本很高，而培训师的好坏直接影响到培训效果。一位优秀的培训师既要有广博的理论知识，又要有丰富的实践经验；既要有扎实的培训技能，又要有高尚的人格。因此，培训师的知识经验、培训技能，以及人格特征是判别培训师水平高低的三个维度。

2. 确定教材和教学大纲。一般由培训师确定教材，教材来源于四方面：外面公开出售的教材、与本组织工作内容相关的教材、培训公司开发的教材和培训师编写的教材。一套好的教材应该是围绕培训目标，简明扼要、图文并茂、引人入胜。教学大纲是根据培训计划，具体规定课程的性质、任务和基本要求，规定知识与技能的范围、深度、结构、教学进度，提出教学和考试（考核）的方法。教学大纲要贯彻理论联系实际的原则，对实践性教学环节做出具体规定。

3. 确定培训地点。培训者与受培训者对培训环境的评判是从以下因素来考虑的：视觉效果、听觉效果、温度控制、教室大小和形状、座位安排、交通条件和生活条件等等。

4. 准备好培训设备。根据培训设计事先准备好培训所需设备器材，例如，电视机、投影仪、屏幕、放像机、摄像机、幻灯机、黑板、白板、纸、笔等等。尤其是一些特殊的培训，需要一些特殊的设备。培训设备的添置和安排一般要受培训组织的财务预算制约，但至少要满足培训项目的最低要求。

5. 选择培训时间。培训时间的合理分配要依据训练内容的难易程度和培训所需总时间而定。一般来说，内容相对简单、短期的培训可以使用集中学习的方法，使之一气呵成；而内容复杂、难度高、时间较长的学习，则宜采用分散学习的方法，以节约开支、提高效率。

三、培训实施方法

常见的培训实施方法有如下几种：

1. 讲授法：属于传统的培训方式，主要是由培训者讲授知识，受训者记忆知识，中间穿插一些提问。其优点是运用起来方便，便于培训者控制整个过程。缺点是单向信息传递，反馈效果差，而且效果取决于培训师的演讲水平。

2. 视听技术法：通过现代视听技术（如投影仪、DVD、录像机等），对员工进行培训。优点是运用视觉和听觉的感知方式，直观鲜明。但学员的反馈与实践较差，且制作和购买的成本高，内容易过时。它多用于企业概况、传授技能等培训内容。

3. 讨论法：按照费用与操作的复杂程度又可分成一般小组讨论与研讨会两种方式。研讨会多以专题演讲为主，中途或会后允许学员与演讲者进行交流沟通。优点是信息可以多向传递，与讲授法相比反馈效果较好，但费用较高。而小组讨论法的特点是信息交流时方式为多向传递，学员的参与性高，费用较低。多用于巩固知识，训练学员分析、解决问题的能力及人际交往的能力，但运用时对培训教师的要求较高。

4. 案例研讨法：通过向培训对象提供相关的背景资料，让其寻找合适的解决方法。在对特定案例的分析、辩论中，受训人员集思广益，共享集体的经验与意见，有助于他们将受训的收益在未来实际业务工作中思考与应用。这一方式费用低，反馈效果好。近年的培训研究表明，案例、讨论的方式也可用于知识类的培训，且效果颇佳。

5. 角色扮演法：这种方法是指在模拟的人际关系情景中，设计一系列尖锐的人际矛盾和人际冲突，要求被试者扮演某一角色并进入角色情景去处理各种问题和矛盾，看受训者是否符合角色的身份和素质要求，使他们真正体验到所扮角色的感受与行为，以发现和改进自己的工作态度和行为表现。由于信息传递多向化，这种培训方式反馈效果好、实践性强、费用低，多用于人际关系能力的训练。

6. 观摩范例法：观摩范例法指通过现场演示方法进行培训。这一方式较适合操作性知识的学习。由于成人学习具有偏重经验与理解的特性，让具有一定学习能力与自觉的学员在观察过程中学习是既经济又实用的方法，但此方法也存在监督性差的缺陷。

7. 互动小组法：互动小组法也称敏感训练法。此法主要适用于管理人员的人际关系与沟通训练。让学员以在培训活动中的亲身体验来提高他们处理人际关系的能力。其优点是可明显提高人际关系与沟通的能力，但其效果在很大程度上依赖于培训教师的水平。

8. 电脑网络培训法：电脑网络培训法是近年来流行的一种新型的计算机网络信息培训方式。这一方面投入较大，但由于使用灵活，符合分散式学习的新趋势，节省学员集中培训的时间与费用。这种方式信息量大，新知识、新观念传递优势明显。特别为实力雄厚的企业所青睐，也是培训发展的一个重要趋势。

9. 一对一的培训法（师父带徒弟），即传统的"传、帮、带"，边干边学，费用低，比较灵活。

10. 工作轮换法。工作轮换法是指安排培训者到组织内不同的部门、不同工作岗位上进行实际工作（实习）的一种系统而正式的培训方法。

11. 虚拟培训法。虚拟培训法是指对培训的时空、内容、角色和设备进行虚拟。适宜那些投资成本极高、难度很大、环境危险和操作性较强的技能培训。

12. 游戏培训法。游戏培训法是指由两个以上的培训者在一定的规则约束下，相互竞争着达到某种目标的培训方法。

可见，各种培训方法各有其优缺点，根据不同的培训对象和培训目标，我们可以寻找到一组最佳的组合办法。另外，培训方法的选择也依赖于培训经费的支持，要有培训场地和器材做保证，需要培训教师准确有效的采用。1972年美国学者卡罗尔（S.J.Carroll）、佩因（F.T.Paine）和伊凡维奇（J.J.Ivancevich）对人事专家进行了一项专门调查，结果如表6-1所示。

表 6-1 几种培训方法的效果比较

培训方法	获得知识	改变态度	解决难题技巧	人际沟通技能	参与许可	知识保持
案例研究	2	4	1	4	2	2
讨论会	3	3	4	3	1	5
讲课（带讲座）	9	8	9	8	8	8
商业游戏	6	5	2	5	3	6
电影	4	6	7	6	5	7
程序化教学	1	7	6	7	7	1
角色扮演	7	2	3	2	4	4
敏感性训练	8	1	5	1	6	3
电视教学	5	9	8	9	9	9

表 6-1 中研究者列出获得知识、改变态度、解决难题技巧、人际沟通技能、参与者许可、知识保持等几个不同的指标来对不同培训方法进行衡量，以此反映专家对不同方法的评价，排列的位次越高，说明专家认为这种方法越有效。

四、培训控制

培训控制是指在培训过程中不断根据培训目标、标准和受训者的特点，矫正培训方法、进程的种种努力。培训控制的主体是培训工作的负责人及其他管理人员，组织中的高层领导也可以监督检查的方式介入其中，受训者亦可根据切身感受提出建议。表 6-2 是谢夫隆公司为基层主管开发的基层管理培训方案。该方案设计的目的是向新的基层主管提供人员有效管理所需的知识和能力，也适用于那些长期担任基层主管的人进行知识更新。该方案十分重视培训的控制工作，分为课前活动、5 天的封闭课程和课后活动三个部分。

表 6-2 基层管理培训方案

| 课前活动 | 5 天封闭课程 ||| 课后活动 |
	支持性题目	关键性题目	项目评价	
时间分析	我们什么时候到这儿来	实施计划及评论	制订行动方案	赞成并实施行动方案
工作分析	分析工作问题	文件使用能力		
工作计划讨论	培训	员工等级评定	排列培训题目	可能的实施计划及评价讨论
选择行动计划方案	特殊健康服务	工资管理	评价项目	事后给参加者和雇主的问卷
撰写业绩评价	时间管理	员工开发		
与协调人会晤				
时间	时间	时间	时间	时间
先于方案开始前完成	一天半	两天半	一天	方案结束后 2~4 个月

参照谢夫隆公司为基层主管开发的基层管理培训方案，我们可以将培训控制分为训前

控制、训中控制和训后控制三个阶段。

第四节　员工培训的效果评估

培训效果评估是指在培训过程中受训者所获得的知识、技能应用于工作中的程度。培训效果可能是积极的，这时工作绩效得到提高；也可能是消极的，这时工作绩效可能会出现退步的情况。一般来说，培训内容与以后工作的相似成分越多，就越容易获得积极的效果。西方的企业组织都很重视对员工培训项目的结果进行评估，通过评估，可以了解某一培训项目是否达到了原定的培训目标和要求，也可以了解受训人技能的提高或收获，而不仅仅是判断培训目标的实现程度。

一、柯氏模式

最常用的培训课程评估模式是由威斯康星大学（Wisconsin University）的柯当纳（Donald L. Kirkpatrick）教授提出来的，因此这种评估模式就被称为"柯氏模式"。柯当纳教授认为，评估培训效果有以下四个不同层面：

第一层面是评估参与者的反应。因为无论教师怎么认真备课，学员只要对某方面不感兴趣，就不会认真学习。这种评估除了告诉你他们是否喜欢一项课程外，还可以对他们自己认为最有用的内容和技能有深刻的理解，甚至会促使受训者批评培训工作、积极提出交流和反馈建议。参与者反应的评估是培训效果测定的最低层次，主要利用问卷来测定，可以问以下一些问题：受训者是否喜欢这次培训？是否认为培训师很出色？是否认为这次培训对自己很有帮助？有哪些地方可以进一步改进？

第二层面是评估员工所学的东西，这种检查可能以考卷形式进行，也可能是实地操作。在培训开始之前测试受训者的知识和技能可以提供基本标准，在培训后对其重新测试可以了解进步之处，而且可以使受训者之间进行平行比较。对员工学习的评估可以运用书面测试、操作测试、等级情景模拟等方法来测定。主要测定受训者与受训前相比，是否掌握了较多的知识，是否学到了较多的技能，是否改善了工作态度。

第三层面是评估员工工作行为的变化。在测定员工的反应和学习成果时，培训效果的得分往往很高，但实际工作中往往会发现，由于某些原因受训者未能在工作中表现出行为的改变。为了使培训转移的效果最大化，管理者可以经常采取措施对员工行为的改变进行评估，以便记录学员是否真正掌握了课程内容并运用到工作中去。如果他们没有学以致用，那么就说明该次培训对每个参加的人都是一种浪费。行为变化的测定可以通过上级、同事、下级、客户等相关人员对受训者的业绩评估来进行，主要测定受训者在受训前后行为是否有改善，是否运用了培训的知识、技能，是否在交往中态度更正确等等。

第四层面是评估培训结果,即衡量培训是否有助于公司业绩的提高。如果一门课程达到了让员工改变工作态度的目的,那么这种改变是否对提高公司的经营业绩起到了应有的作用,这是培训效果测定的最高层次。可以通过事故率、产品合格率、产量、销售量、成本、利润、离职率、迟到率等指标进行测定,主要测定内容是个体、群体、组织的效率状况在受训后是否有改善。现在许多机构开始计算培训的实际效用,即发生费用后所获得的效益,如果培训的成本高收益低,或者员工由于其他原因离开原有职位,培训的实际效用就低。

上述评估模式总的规则如下:一级评估主要是观察学员的反应;二级评估则侧重于检查学员的学习结果;三级评估可以衡量培训前后的工作表现;四级评估的目标是衡量公司经营业绩的变化。很多权威人士认为,要使与工作相关的培训做得好,至少要对一部分培训课程进行三级评估甚至四级评估。深层评估不但能发现培训对实现组织目标是否真的有所贡献,而且可暴露培训内容在工作中难以运用的障碍。如英特尔公司对英特尔大学(Intel University)的全部商务课程都进行了三级和四级评估,结果,5%的课程被取消,20%的课程进行了大幅度的改进。总之,培训部的评估工作绝不仅仅限于统计培训时数和感到满意的学员人数,科学评估培训效果应该是现代人力资源管理的一项重要职责。

二、培训的投入产出分析

投入产出分析是一种培训效果的量化测定方法。培训的支出和收益是否平衡是开展培训工作的一个重要参照标准,特别是在资金缺乏、培训经费有限的情况下,怎样以最低的成本开展最有效的培训工作,是组织员工培训的一个重要原则。可以利用下面的公式来计算:

投入回报率 =(收益-成本)÷成本 ×100%

员工培训的成本包括直接成本和间接成本。直接成本包括如下方面:(1)受训者的工资;(2)培训教师的报酬;(3)培训教材、辅导资料的费用及打印、复印、装订费用;(4)培训场地租借费用;(5)培训器材的折旧费、维护与修理费用;(6)因培训而发生的交通费用;(7)因培训而发生的食宿及电话费用;(8)其他费用。培训的间接成本是培训的机会成本,即同样的资源和时间由于用于培训而无法用于其他活动给企业带来的无形损失,可用人均利润率来衡量。

培训给组织带来的效益如下:提高劳动生产率、提高产品质量、扩大产品销售量、降低成本、减少事故、利润增长、服务质量提高等方面。培训的收益计算原理是由于提高了劳动者的技术熟练程度,使同一劳动力可以在其他条件不变的基础上,增加组织的收益。它包括直接收益评估和间接收益评估法两种。

1. 直接收益评估法。这种方法是对员工接受培训后的效果进行观察,并加以评估。用公式表示为:

$$TE = (E_2 - E_1) \times T \times N - C$$

式中 TE ——培训收益；

E_1 ——培训前每个受训者一年产生的效益；

E_2 ——培训后每个受训者一年产生的效益；

N ——参加培训的人数；

T ——培训效益可持续年数；

C ——培训成本

2. 间接收益评估法。这种方法是通过与员工在职培训有关的指标的计算，来研究这种投资的效益。其思路是首先找出影响培训效益的因素，即把这种收益分解为一些具体指标，然后根据这些指标的相互关系进行计算。公式为：

$$TE = T \times S \times d \times N - C$$

式中 TE ——培训收益；

N ——参加培训的人数；

S ——未受培训者工作绩效的标准差（一般约等于年工资的40%）；

d ——效用尺度，即接受培训者与未接受培训者工作结果的平均差值；

T ——培训效益可持续年数；

C ——培训成本。

其中 d 也可表示为：$d = (X_1 - X_2) \div (S \times R^2)$

式中 X_1 ——受训者的平均工作效率；

X_2 ——未受训者的平均工作效率；

R ——工作效率评价过程的可行性（不同评估者评定结果的相关性）。

三、培训效果评估的其他方法

成本效益分析是评估培训效果的一种常见方法。评估培训效果的常见方法还包括测试比较评估、受训者意见反馈评估、工作标准对照评估、工作态度考察评估和工作绩效考察评估等几种形式。

20世纪70年代，美国学者布鲁沃（K.Brethower）和拉姆勒（G.Rummler）对培训项目的评价标准和衡量方法进行了研究，总结出来的方法现在对我们来说仍然极具参考价值（见表6-3）。他们的研究表明，在评价培训项目的效果时组织首先要明确评价的目标，也就是要列出想知道什么，然后弄清衡量的内容和用什么来衡量，以此来确定获取数据的相应方法。进行评估的时间和所使用的评估方法也很重要，假如公司的销售收入在实施一个培训项目之后比实施之前有了明显的上升，我们并不能断言这都应该归功于这次培训。事实上很多人力资源管理专家认为，最合适的评价培训项目的方法应该是以合理的成本就能够采集到数据，同时这些数据应该对解释相应指标具有较高的信度和效度。

表 6-3 培训项目的评价方法

我们想知道什么	衡量什么	衡量项目	获取数据的方法	获取数据替代方法
受训者是否满意？如果不是，为什么？ 1. 概念不相关 2. 培训场所设计 3. 受训者安排得不合适	培训期间受训者的反应	联系 胁迫 学习的轻松程度	受训者的评论 对教员的评论 对练习的问题 对练习行为方式	观察 面谈 问卷
	培训之后受训者的表现	"值不值" 相关程度或者学习动力	对项目的行为方式 关于项目概念的问题	观察 面谈 问卷
教学素材是否教会了概念？如果没有，为什么？ 1. 培训教室的结构 2. 课程 - 表述 - 例子 - 练习	培训期间受训者的反应	理解 应用	学习时间 做练习的成绩 表达	观察 文件检查
	培训结束时受训者的表现	理解 应用 设施 内容的衔接	对未来的行动方案 做练习时所使用的工具 表达	观察 文件检查 面谈 问卷
所学习的概念是否被应用？如果没有，为什么？ 1. 概念 - 不相关 - 太复杂 - 太含糊 2. 工具不适合 3. 环境不支持	绩效改进计划	分析 行动计划 结果	讨论 文件 结果	观察 面谈 文件检查 问卷（关键事件）
	解决难题技术	提出的问题 计划的行动 采取的行动	讨论 文件 结果	观察 面谈 文件检查 问卷（关键事件）
	不断改变管理方法	宣传的努力语言 人员管理程序	讨论 文件 结果	观察 面谈 文件检查 问卷（关键事件）
概念的应用是否积极地影响了组织？如果不是，为什么？	难题解决	问题的识别 分析 行动 结果	讨论 文件 结果	面谈 文件检查 问卷（关键事件）
	危机的预测和预防	潜在危机的识别 分析 行动 结果	讨论 文件 结果	面谈 文件检查 问卷（关键事件）
	绩效衡量具体到一个特定的培训项目	产出的衡量 过渡的或者诊断的方法	业绩数据	文件检查

布鲁沃和拉姆勒的培训项目评价标准和衡量方法表为我们展示了在收集评估培训效果材料时可以采用观察法、面谈法、文件检查法和问卷法等方法，以及如何针对不同的评估项目，它们该如何组合及如何有效运用。

第七章 职业生涯设计

第一节 职业生涯管理概述

一、职业

职业是指不同时间、不同组织中工作性质类似的职务的总和。它是人们在社会生活中所从事的以获得物质报酬作为自己主要生活来源并能满足自己精神需求的、在社会分工中具有专门技能的工作。它是人类文明进步、经济发展及社会劳动分工的结果。同时，职业也是社会与个人或组织与个体的结合点。通过这个结合点的动态相关形成了人类社会共同生活的基本结构。也就是说，个人是职业的主体，但个人的职业活动又必须在一定的组织中进行。组织的目标靠个体通过职业活动来实现，个体则通过职业活动对组织的存在和发展做出贡献。

因此，职业活动对员工个人和组织都具有重要的意义：从个人的角度讲，职业活动几乎贯穿于人的一生。人们在生命的早期阶段接受教育与培训，为的是为职业做准备。从青年时期进入职业生涯到老年退离工作岗位，职业生涯长达几十年，即使退休以后仍然与职业活动有着密切的联系。职业不仅是谋生的手段，也是个人存在的意义和价值的证明。选择一个合适的职业，度过一个成功的职业生涯，是每一个人的向往和追求。对于组织来说，不同的工作岗位要求由具有不同能力、素质的人担任，把合适的人放在合适的位置上，是人力资源管理的重要职责。只有使员工选择了适合自己的职业并获得职业上的成功，真正做到人尽其才、才尽其用，组织才能兴旺发达，组织能不能赢得员工的献身精神、能不能充分调动员工积极性的一个关键因素在于其能不能为自己的员工创造条件，使他们有机会获得一个有成就感和自我实现感的职业。

二、职业生涯

以上是我们对职业做的静态分析，一个人选择一种职业后也许会终生从事，也许一生中转换几种职业，不论怎样，一旦开始进入职业角色，他的职业生涯就开始了，并且随时间的流逝而延续。职业生涯就是表示这样一个动态过程，它指一个人一生在职业岗位上所度过的、与工作活动相关的连续经历，并不包含在职业上成功与失败或进步快与慢的含义。也就是说，不论职位高低，不论成功与否，每个工作着的人都有自己的职业生涯。职业生涯不仅表示职业工作时间的长短，而且内含着职业发展、变更的经历和过程，包括从事各种职业、职业发展的阶段、由一种职业向另一种职业的转换等具体内容。

职业生涯是一种复杂的现象，由行为和态度两方面组成。要充分了解一个人的职业生涯，必须从主观和客观两个方面进行考察。表示一个人职业生涯的主观内在特征的是价值观念、态度、需要、动机、气质、能力、性格等，表示一个人职业生涯的客观外在特征的是职业活动中的各种工作行为。

三、职业生涯管理

从个人的角度讲，职业生涯管理就是一个人对自己所要从事的职业、要去的工作组织、在职业发展上要达到的高度等做出规划和设计，并为实现自己的职业目标而积累知识、开发技能的过程，它一般通过选择职业、选择组织（工作组织）、选择工作岗位，在工作中技能得到提高、职位得到晋升、才干得到发挥等来实现。虽然职业生涯是指个体的工作行为经历，但职业生涯管理可以从个人和组织两个不同的角度来进行。第一个层面，即员工的职业生涯自我管理。员工是自己的主人，自我管理是职业生涯成功的关键所在。第二个层面，是组织对职业生涯的管理。也正是在进行职业生涯的自我管理的基础上，才能实现组织的职业生涯全面管理。

（一）职业生涯自我管理的内容

在计划经济条件下，我国的就业制度是由国家统一安置的"统包统配"，个人没有择业的自由，没有决定自己职业命运的权利，一个人一经分配基本上决定终生，个人在职业上更多的是依赖组织，谈不上真正意义上的自我职业生涯管理。在市场经济条件下，情况就完全不同了。员工个人真正成为具有自主性的市场主体——自主择业、自主流动，自己管理自己的职业，自己掌握自己的命运。但是，自主择业并不意味着个人可以随心所欲，组织也同样有着用人的自主权，任何一个具体的职业岗位，都要求从事这一职业的个人具备特定的条件，如教育程度、专业知识与技能水平、体质状况、个人气质及思想品质等，并不是任何人都能适应任何职业的，这就产生了职业对人的选择。一个人在择业上的自由度很大程度上取决于个人所拥有的职业能力和职业品质，而个人的时间、精力、能量毕竟是有限的，要使自己拥有不可替代的职业能力和职业品质，就应该根据自身的潜能、兴趣、价值观和需要来选择适合自身优点的职业，将自己的潜能转化为现实的价值，这就需要对自己的职业生涯做出规划和设计，因此，人们越来越重视职业生涯的管理，越来越看重自己的职业发展的机会。具体内容如下：

1. 员工要学习和掌握对自己的职业生涯进行设计和规划的能力。只有具备了这种能力，员工才能综合外部条件和自身特点找到理想的职业和工作岗位，才能更快地实现职业进步和职业生涯目标。

2. 员工应该具备接受新知识、新技能的能力，在职业实践中不断提高自身专业水平和素质，更好地适应环境及改变环境，这是职业生涯自我管理的关键。

3. 员工应该学会与主管人员就职业生涯目标进行沟通和反馈的能力。员工应当经常与主管人员讨论自己的职业生涯目标是否切实可行，进展程度怎么样，需要进行哪些方面的改进等等。

4. 员工应该学会对职业目标进行调整的能力。随着环境条件的改变，某一时期某一阶段的职业目标也许不再切实可行，那么就有必要进行适当调整。

（二）组织对员工职业生涯管理的内容

职业生涯是个人生命运行的空间，但又和组织有着必然的内在联系。一个人的职业生涯设计得再好，如果不进入特定的组织，就没有职业位置，就没有工作场所，职业生涯就无从谈起。组织是个人职业生涯得以存在和发展的载体。同样，组织的存在和发展依赖于个人的职业工作，依赖于个人的职业开发与发展。在人才激烈竞争的今天，如何吸引和留住优秀的职业人才是人力资源管理所面临的难题。如果一个人的职业生涯规划在组织内不能实现，那么他就很有可能离开，去寻找新的发展空间。所以，员工的职业发展就不仅是其个人的行为，也是组织的职责。

事实上，筛选、培训及绩效考评等诸如此类的人力资源管理活动在组织中实际可以扮演两种角色。首先，从传统意义上来讲，他们的重要作用在于为组织找到合适的人选，即用能够达到既定兴趣、能力和技术等方面要求的员工来填补工作岗位的空缺。然而人力资源管理活动还越来越多的在扮演着另外一种角色，这就是确保员工的长期兴趣受到组织的保护，其作用尤其表现在鼓励员工不断成长，使他们能够争取发挥出他们的全部潜能。人力资源管理的一个基本假设就是组织有义务最大限度地利用员工的能力，并且为每一位员工都提供一个不断成长及挖掘个人最大潜力和提供职业成功的机会。这种趋势得到强化的一个信号是，许多组织越来越多地强调重视职业规划和职业发展。换言之，许多组织越来越多地强调为员工提供帮助和机会，以使他们不仅能够形成较为现实的职业目标，而且能够实现这一目标。比如，人事计划不仅可以预测组织中的职位空缺情况，而且能够发现潜在的内部候选人，并能够弄清楚为了使他们适应新职位的需要，应当对他们进行哪些培训。类似地，组织不仅能够通过定期地对员工做绩效评价来确定薪酬，而且可以通过它去发现某一位员工的发展需要，并设法确保这些需要得到满足。换句话说，所有的人力资源管理活动都不仅可以满足组织的需要，而且可以满足个人的需要，实现"双赢"的目标，即组织可以从更具有献身精神的员工所带来的绩效改善中获利，员工则可以从工作内容更为丰富、更具挑战性的职业中获得收益。

从组织的角度对员工的职业生涯进行管理，集中表现为帮助员工制订职业生涯规划、建立各种适合员工发展的职业通道、针对员工职业发展的需求进行适时的培训、给予员工必要的职业指导、促使员工职业生涯的成功。具体内容如下：

1. 鼓励和指导员工进行职业生涯设计和规划。根据组织的需要向员工宣传职业设计与规划的意义和作用，为员工提供职业设计方面的便利条件，如提供职业、职位信息，向员工指出组织内部职业发展途径。

2. 监督员工职业计划的执行，并及时向员工反馈信息。

3. 在招聘和选择的过程中，要考虑到现有员工的职业计划情况，也要考虑到新员工的职业期望和兴趣，更要考虑到组织的要求和所提供的职业发展途径，招聘和选择的目标在于确定合适的组织成员。组织成员的整体素质、状况、发展潜力的大小要直接影响到组织目标的实现。因此，组织必须通过一系列的测试手段选择和录用符合组织需要的员工。但在录用过程中要保证员工个人职业计划与组织目标的最佳配合。

4. 人力资源的配置也需与职业设计和规划统一起来。

5. 定期的绩效考核和评价是对员工职业计划的监控。通过绩效考评，可以测量员工个人职业目标的实现程度，可以发现员工的优缺点。

6. 组织必须为员工提供广泛的培训和开发活动，帮助他们获得和提高其职业生涯发展所需的工作知识和工作技能，以便在职业生涯道路上顺利发展并实现职业生涯目标。

第二节　职业生涯的选择

职业选择是指人们从自己的职业期望、职业理想出发，依据自己的兴趣、能力、特点等自身素质，从社会现有的职业中选择一种适合自己的职业的过程。从某种意义上说，选择了自己的职业，实际上就等于选择了自己的职业生涯。自主择业、双向选择是现代社会的主要就业方式，职业流动、职业转换现象司空见惯。这就是说，人们不仅在就业前面临着职业选择的问题，即使就业后仍然有对职业重新选择的机会。职业选择成为人们职业生涯规划中的一个重要环节。职业选择如果符合个人的才能、性格、气质特征、兴趣等，就容易发挥自己的能力与水平在工作中做出成绩，获得成就感、满足感，而且有利于将来职业生涯的进一步发展，否则不仅影响个人能力的发挥，不会产生好的工作绩效，还会对个人的生活质量、未来职业的发展产生消极的影响。

一、影响职业生涯选择的因素

（一）内在因素

1. 健康

健康是最具影响力的因素，几乎所有的职业都需要健康的身体。健康状况直接影响着个人的职业选择和职业发展。

2．个性特征

不同气质、性格、能力的人适合不同类型的工作，如多血质的人较适合做管理、记者、外交等，不适合做过细的、单调的机械性工作。个性特征最好能与工作的性质和要求相匹配。

3．职业兴趣

由于兴趣爱好不同，人的职业兴趣也有很大的差异。有人喜欢具体工作，如室内装饰、园林、美容、机械维修等；有人喜欢抽象和创造性的工作，如经济分析、新产品开发、社会调查和科学研究等。职业兴趣对职业选择和职业发展都有一定的影响。

4．负担

负担是指对家人或朋友和社会所承担的财务等方面的义务。职业的选择在一定程度上会受各种义务的影响，一位工作两年的博士生说："最初选职我主要考虑工资，而现在钱已不是我职业选择的主要因素了。"

5．性别

虽然人们都在提倡男女平等，但性别因素仍然在职业发展中起着十分重要的作用。

6．年龄

对工作的看法和态度、对机会尝试的勇气、胜任工作的能力和经验，不同年龄阶段的人都有所不同，因此，对职业的选择和成功的概率也有所不同。

7．教育

个人所受的教育程度，直接影响到他的职业选择方向和成功的概率及将来的职业发展。

（二）外在因素

1．家庭的影响

家庭对人的职业选择和职业发展都有较大的影响。首先，家庭的教育方式影响着个人认知世界的方法；其次，父母是孩子最早观察模仿的对象，他们必然会受到父母职业技能的熏陶；最后，父母的价值观、态度、行为、人际关系等对个人的职业选择有着较大的直接和间接影响。因而，我们常常会看到艺术世家、教育世家、商贾世家等。

2．朋友、同龄群体的影响

朋友、同龄群体的工作价值观、工作态度、行为特点等不可避免地会影响到个人对职业的偏好和选择，以及职业选择和职业变换的机会。张璨，一位拥有亿万资产的年轻女总裁，就是一位当年的大学同学把她引进了IT业，走进了商界。

3．社会环境的影响

社会环境，如流行的工作价值观、政治经济形势、产业结构的变动等因素，无疑对个人的职业选择有着极大的影响。例如，"五十年代当兵，七十年代做工人，九十年代干个体"。又如，每年的职业地位排序对高考志愿和就业选择有着相当大的影响，不同的社会环境对个人职业选择的导向是不同的。

二、帕森斯的人与职业相匹配的理论

美国波士顿大学教授帕森斯1909年在其著作《选择一个职业》中阐述了这一经典理论。他认为，每个人都有自己独特的人格模式，每种人格模式的个人都有与其相适应的职业类型，人人都有职业选择的机会，而职业选择的焦点就是人与职业相匹配，即寻找与自己特性相一致的职业。由此，他提出了职业选择的三大要素：第一，了解自己的能力倾向、兴趣爱好、气质性格特点、身体状况等个人特征。这可以通过人员素质测评和自我分析等方法获得。第二，分析各种职业对人的要求，以获得有关的职业信息。这包括如下内容：职业的性质、工资待遇、工作条件及晋升的可能性；求职的最低条件，如学历要求、身体要求、所需的专业训练以及其他各种能力等；为准备就业而设置的教育课程计划，提供这种训练的机构、学习时间、所需费用等；就业的机会。第三，上述两个因素的平衡，即在了解个人特征和职业要求的基础上，选择一种适合个人特点又可获得的职业。由以上可见，注重个人差异与职业信息的收集与利用是该理论的基本特点，实现人职匹配是该理论的核心。帕森斯的这一理论深刻地影响着职业指导和职业选择的理论和实践活动，按照帕森斯提供的三大要素进行职业选择是一种实用、有效的选择职业的途径。

我们可以将帕森斯的这一理论运用于对职业生涯的管理，在职业选择时进行职业适宜性分析。职业的种类千千万万。我们常说"三百六十行，行行出状元"，但为什么同样一个员工在某一职业岗位上得心应手，干另一种工作则显得力不从心呢，这里就涉及了员工和他所做的工作是不是相适合的问题。每个人都具有一定的潜能和可塑性，但并不是每个人都适合任何一种工作。这是因为人的个性千差万别，而每一种工作对人的要求也各不相同。当人的个性与工作的要求相吻合时，干起工作来就如鱼得水、轻松自在，获得职业生涯成功的可能性就大。因此，在职业选择和职业决策的过程中，人们总是不可避免地要问自己："我究竟适合做什么？"所谓职业适宜性分析，就是要解决什么样的人适合做什么类型的工作，或者说什么类型的工作需要什么样的人来做这一问题。它是通过分析、了解自我的个性特征和不同工作的性质、特点及其对任职者的具体要求，找出和个人相匹配的职业类型。这种职业适宜性分析是职业生涯管理中一项非常重要的工作。

职业适宜性分析一般要从两个方面进行，一方面要获取职业信息，另一方面对人的个性进行分析，在两方面相比较的基础上才能判定人与职业的适宜性问题。

（一）对职业和组织的了解和选择

对自我的了解，为个人的职业选择准备了条件。但是对自我的了解仅限于主观素质方面，还必须对客观环境进行考察，特别是对组织和职业信息的了解是职业生涯选择过程中非常重要的一部分内容。

1. 获取职业信息

职业信息指的是与个人职业生活有关的知识和资料，其范围十分广泛。进行职业适宜性分析所需要的主要是有关职业分类和特定职业的性质、任务、操作程序、资格要求、工作环境等具体情况的职业信息。

职业的类别极为复杂，可以按照不同的标准对职业进行划分。但通常都是按工作者的工作性质和受教育程度来划分的，我国第三次人口普查所制定的职业分类标准就是如此。它根据人们从事工作的性质，把我国现有职业分为 8 个大类、64 个中类、301 个小类。这 8 个大类为：

（1）各类专业技术人员，指专门从事各种专业和科学技术工作的人员。

（2）国家机关、党群组织、企事业组织负责人，指在各级人民代表大会、人民法院、检察院、政府、党、团、工会、妇联和其他社团担任领导职务的人员。

（3）办事员和有关人员，指在机关和企、事业组织中，在各级负责人领导下，办理各种具体业务工作的人员。

（4）商业工作人员，指从事商品的收购、采购、批发、零售、推销、回收及有关工作的人员。

（5）服务性工作人员，指在饮食、旅馆、旅游、修理及其他服务行业从事服务性工作的人员。

（6）农林牧渔劳动者，指直接从事农业、林业、畜牧业、渔业生产以及农业机械操作、狩猎的人员。

（7）生产工人、运输工人和有关人员，指直接从事地面、地下矿物、石油、天然气等采掘与处理，工业产品制造、保养及修理和运输设备操作等工作的工人。

（8）不便分类的其他人员。

每一类职业，包括每一职业类别中任何一个特定的职业（或具体职务）都有特定的工作性质、任务、待遇及对人员任职资格的特定要求。通过工作分析而编制的工作说明书就包含着这些重要信息。收集、分析这类信息，有助于进一步分析人和职业的匹配问题。

2. 获取组织信息

（1）对组织性质、结构、规模、经营管理状况、竞争能力、组织文化、领导风格等方面的了解。

（2）对组织内部工作性质、工作任务、工作要求、工作条件等方面的了解，实际上也就是了解工作资格要求。

（3）对组织内部发展机会、晋升途径、工作报酬方面情况的了解。

个人通过各种媒介获得有关组织的充分信息，并对不同的组织之间的性质、特征加以分析和比较，再结合个人的兴趣、能力等特征，最后做出决定，选择适当的组织作为自己的工作单位。

（二）个性分析

个性心理学家麦迪把个性定义为：个性是决定每个人心理和行为的普遍性和差异性的

那些特征和倾向的较稳定的有机组合。它包括需要、动机、价值观、兴趣、爱好、能力、气质、性格等。一个人在选择职业时，必须首先对自己进行个性分析，了解自己的心理动机、需要、兴趣、价值取向、性格、才能、专长、不足等，才能保证职业选择的方向性，真正找到适合自己的职业。了解自己的个性，既可以通过自我总结来获得，也可以通过心理咨询借助心理测量工具来加深自我认识。以职业能力为例，一个人了解了自己的职业能力的类型，又掌握了大量的职业信息，就可以在此基础上做出自己的职业选择。见表7-1。

表7-1 职业能力类型及其职业适宜性对应表

职业能力类型	特点	适宜的职业类型
操作型职业能力	以操作能力为主，即运用专业知识或经验掌握特定技术或工艺，并形成相应的职业技能与技巧的能力	打字、驾驶汽车、种植、操纵机床、控制仪表等
艺术型职业能力	以想象力为核心，即运用艺术手段再现社会生活和塑造某种艺术形象的能力	写作、绘画、演艺、美工等
教育型职业能力	运用各种教育手段传授知识和思想，或组织受教育者进行知识与态度学习的能力	教育、宣传、思想政治工作等
科研型职业能力	以人的创造性思维为核心，即通过实验研究、社会调查和资料检索等手段进行新的综合、发明与发现的能力	研究、技术革新与发明、理论创造等
服务型职业能力	以敏锐的社会知觉能力和人际关系协调能力为主，即借助人际交往或直接沟通使顾客获得心理满足的能力	商业、旅游业、服务业等
经营型或管理型职业能力	以决策能力为核心，即能够广泛获取信息并以此独立地做出应变、决策或形成谋略的能力	经理、厂长、主任等管理领域及各行各业负责人等
社交型职业能力	以人际关系协调能力为核心，即深谙人情世故，掌握人际吸引规律，善于周旋、协调，且能使对方合作的能力	联络、洽谈、调解、采购等

三、霍兰德的人业互择理论

约翰·霍兰德是美国约翰·霍普金斯大学的心理学教授，著名的职业指导专家。他于1959年提出了具有广泛社会影响的人业互择理论。这一理论认为职业选择是个人人格的反映和延伸。他将人格分为六种基本类型，也将职业分为相应的六种类型。职业选择取决于人格与职业的相互作用。见表7-2。

表7-2 霍兰德的六种人格类型及相应的职业

人格类型	人格特点	职业兴趣	代表性职业
实际型	真诚坦率、重视现实、讲求实际、有坚持性、实践性、稳定性	手工技巧、机械的、农业的、电子的、技术的	体力员工、机械操作者、飞行员、农民、卡车司机、木工、工程技术人员等
研究型	分析性、批判性、好奇心、理想的、内向的、有推理能力的	科学、数学	物理学家、人类学家、化学家、数学家、生物学家、各类研究人员等
艺术型	感情丰富的、理想主义的、富有想象力的、易冲动的、有主见的、直觉的、情绪性的	语言、艺术、音乐、戏剧书法	诗人、艺术家、小说家、音乐家、雕刻家、剧作家、作曲家、导演、画家等
社会型	富有合作精神的、友好的、肯帮助人的、和善、爱社交和易了解的	与人有关的事、人际关系的技巧、教育工作	临床心理学家、咨询者、传教士、教师、社交联络员等
组织型	喜欢冒险的、有雄心壮志的、精神饱满的、乐观的、自信的、健谈的	领导、人际关系的技巧	经理、汽车推销员、政治家、律师、采购员、各级行政领导者等
传统型	谨慎的、有效的、无灵活性的、服从的、守秩序的、能自我控制的	办公室工作、营业系统的工作	出纳员、统计员、图书管理员、行政管理助理、邮局职员等

上述的人格类型与职业类型的关系也并非绝对相对应。霍兰德经过实验发现，尽管大多数人的人格类型可以主要地划归为某一类型，但个人又有着广泛的适应能力，其人格类型在某种程度上相近于另外两种类型，也能适应另外两种职业类型的工作，也就是说，某几种类型之间存在着较多的相关性，同时每一种人格类型又有一种极为相斥的职业类型。霍兰德用六边形图简明地描述了六种类型之间的关系。见图7-1。

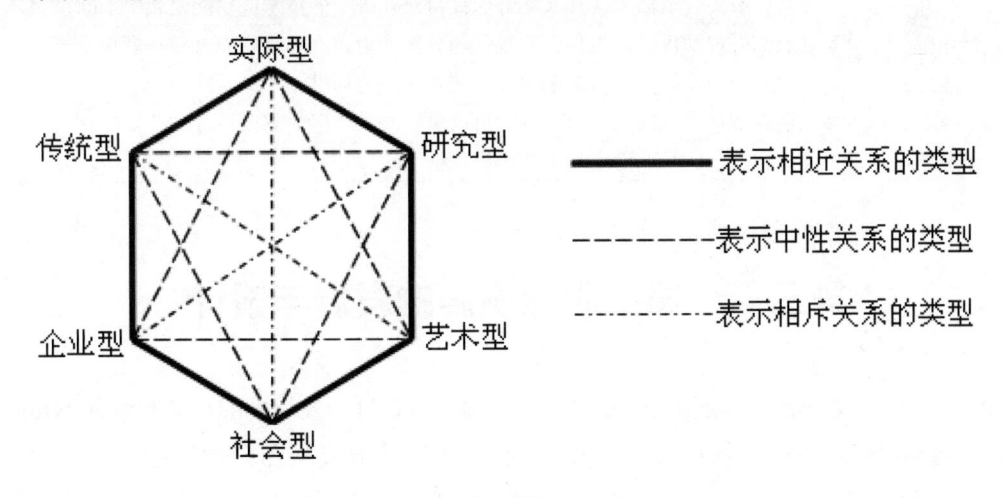

图7-1 人格类型关系图

霍兰德认为，最为理想的职业选择就是个体能够找到与其人格类型相重合的职业环境，在这样的环境中工作，个体容易感到满足，最有可能充分发挥自己的才能。如果个人不能获得与其人格类型相一致的工作环境,则可以寻找与其人格相接近的职业环境,如实际型与传统型和研究型相接近、社会型与组织型和艺术型相接近等。在与自己的人格类型相接近的职业环境中,个人经过努力也完全能够适应。但如果选择和自己人格类型相斥的职业,则既不可能感到有乐趣,也很难适应,甚至无法胜任工作,如传统型人格的人在艺术型的职业环境中就是如此。

霍兰德的"人业互择"理论与帕森斯关于职业指导"三要素"的理论具有一脉相承的内在联系,运用这一理论的关键在于对个人人格类型的分析与评定,它主要是通过人格类型与职业类型的匹配来说明个人职业选择和职业适应问题的。的确,个人的人格特征是职业选择和职业生涯成功的重要因素,但不是唯一的因素。除了人格因素外,个人在进行职业生涯规划时还应将更为广泛的社会背景和组织发展目标综合起来考察分析。

四、施恩的"职业锚"理论

埃德加·施恩首先提出了"职业锚"的概念。"职业锚"就是指一个人进行职业选择时,始终不会放弃的东西或价值观。职业锚是人们选择和发展自己的职业时所围绕的核心。对职业锚进行预测是很困难的,因为一个人的职业锚是不断变化的,它实际上是在不断探索过程中产生的动态结果。施恩根据自己对麻省理工学院毕业生的研究,提出了五种职业锚:技术或功能型职业锚、管理型职业锚、创造型职业锚、自主与独立型职业锚和安全型职业锚,参见表7-3。

表7-3 施恩职业锚理论

职业锚	表现
技术或功能型	不喜欢一般性管理活动,喜欢能够保证自己在既定的技术或功能领域中不断发展
管理型	有强烈的管理动机,认为自己有较强的分析能力、人际沟通能力和心理承受能力
创造型	喜欢建立或创设属于自己的东西——艺术品或公司等
自主与独立型	喜欢摆脱依赖别人的境况,有一种自己决定自己命运的需要
安全型	极为重视职业的长期稳定和工作的保障性

第三节 员工职业生涯的发展与设计

职业生涯的发展常常伴随着年龄的增长而变化,尽管每个人从事的具体职业各不相同,但在相同的年龄阶段往往表现出大致相同的职业特征、职业需求和职业发展任务,据此可以将一个人的职业生涯划分为不同的阶段。要对职业生涯进行有效的规划,就有必要了解这一点。

一、职业生涯阶段理论

（一）萨柏的职业生涯阶段理论

萨柏是美国一位有代表性的职业管理学家，他以美国白人作为研究对象，把人的职业生涯划分为五个主要阶段：成长阶段、探索阶段、确立阶段、维持阶段和衰退阶段，参见表 7-4。

表 7-4（a） 萨柏职业生涯五阶段理论

阶段	成长阶段（0~14 岁）	探索阶段（15~24 岁）	确立阶段（25~44 岁）	维持阶段（45~64 岁）	衰退阶段（65 岁以上）
主要任务	认同并建立起自我概念，对职业的好奇占主导地位，并逐步有意识地培养职业能力	主要通过学校学习进行自我考察、角色鉴定和职业探索完成择业及初步就业	获取一个合适的工作领域并谋求发展。此阶段是大多数人职业生涯周期中的核心部分	开发新的技能，维护已获得的成就和社会地位，维持家庭和工作两者之间的各种关系，寻找接替人选	逐步退出职业和结束职业，开发更广泛的社会角色，减少权利和责任，适应退休后的生活

表 7-4（b） 萨柏职业生涯五阶段理论中前三个阶段的子阶段

主阶段名称	子阶段名称		
成长阶段	幻想期（10 岁之前）在幻想中扮演自己喜欢的角色	兴趣期（11~12 岁）以兴趣为中心，理解、评价职业，开始做职业选择	能力期（13~14 岁）更多地考虑自己的能力和工作需要
探索阶段	试验期（15~17 岁）综合认识和考虑自己的兴趣、能力，对未来职业进行尝试性选择	转变期（18~21 岁）正式进入职业，或者进行专门的职业培训，明确某种职业倾向	尝试期（22~24 岁）选定工作领域，开始从事某种职业，对职业发展的可行性进行实验
确立阶段	稳定期（25~30 岁）个人在所选的职业中安顿下来，重点是寻找职业和生活上的稳定	发展期（31~44 岁）致力于实现职业目标，是富有创造性的时期	中期危机阶段（44 岁至退休）职业中期可能会发现自己偏离职业目标或发现了新的目标，此时需要重新评价自己的需求，处于转折期

（二）职业生涯"三三三"理论

"三三三"理论是将人的职业生涯分为三大阶段：输入阶段、输出阶段和淡出阶段。每一阶段又分三个子阶段：适应阶段、创新阶段和再适应阶段。每一子阶段又可分为三种状况：顺利晋升、原地踏步和降到波谷。参见表 7-5 和图 7-2。

表 7-5（a） 职业生涯的"三三三"理论

阶段	输入阶段（从出生到就业阶段）	输出阶段（从就业到退休）	淡出阶段（退休以后）
主要任务	输入信息、知识、经验、技能，为从业做重要准备；认识环境和社会，锻造自己的各种能力	输出自己的智慧、知识、服务、才干；进行知识的再输入、经验的再积累、能力的再锻造	精力衰退，但阅历渐丰、经验渐多，逐步退出职业，适应角色的转换

表 7-5（b） 输出阶段的三个子阶段

输出阶段	个人的工作状态	职业环境状态
适应阶段	订三个契约： 对领导，我要服从你的领导 对同事，我要与你协同工作 对自己，我要使自己表现出色	适应工作硬软环境、个体环境，个体与同事相互接受，进入职业角色
创新阶段	独立承担工作任务 努力做出创造性贡献 提出合理化建议	受到领导和同事认可，进入事业辉煌时期
再适应阶段	工作出色获得晋升 发展空间小而原地踏步 自身骄傲自满或工作差错受到批评	个体要调整心态，适应变化了的环境；此时属于职业状态分化时期，领导和同事看法不一

表 7-5（c） 再适应阶段的三种状况

再适应阶段	职业状态
顺利晋升	面临新工作环境的挑战、新工作技能的挑战、原同级同事的忌妒、领导提出的新要求，表面的风光隐藏着一定的职业风波
原地踏步	"倚老卖老"不求上进，挂在嘴边的话是"我早就干（想）过"，对同事易陷入冷嘲热讽，此时如做职业平移或变更更合适
降到波谷	由于个体原因或客观原因，受到上级批评或降级处分，工作状态进入波谷，此时如能重新振作精神，有希望进入第二次"三三三"理论发展状态

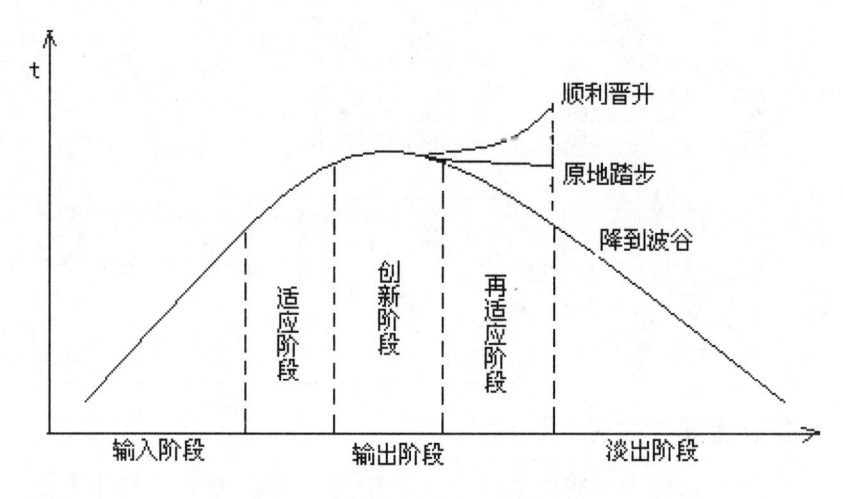

图 7-2 职业生涯"三三三"理论

二、职业发展模式与特点

（一）男性职业发展的模式与特点

男性职业发展模式主要表现为直线型职业生涯和螺旋形职业生涯。直线型职业生涯是指终生从事某一专业领域的工作，在线性等级结构中，从低级走向高级，不断取得更大的权力、承担更多的责任和获得更多的报酬，螺旋形职业生涯是一种跨专业的职业生涯方式，围绕职业锚这个核心，从事不同的专业工作，不断找到发展的新起点。男性职业发展的主要特点如下：

（1）职业辉煌的顶点通常在中年期，职业线为两头小、中间大。参见图7-3。

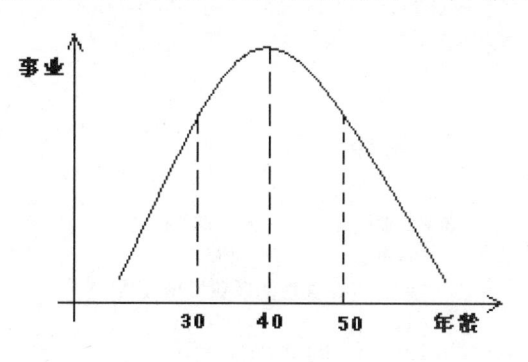

图7-3 男性的职业线

（2）成功的年龄与其从事的职业关系密切，例如，社会科学工作者成功年龄偏迟，通常在40岁之后；自然科学工作者成功年龄较早，通常在30岁左右。参见图7-4。

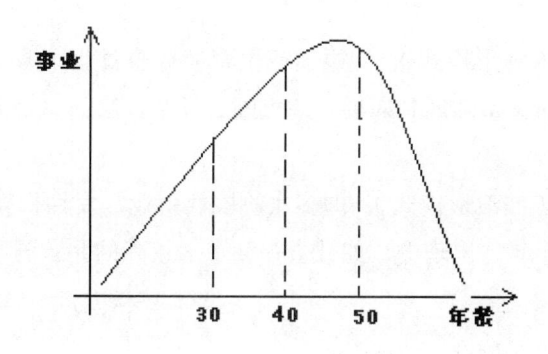

图7-4（a） 社会科学工作者职业线

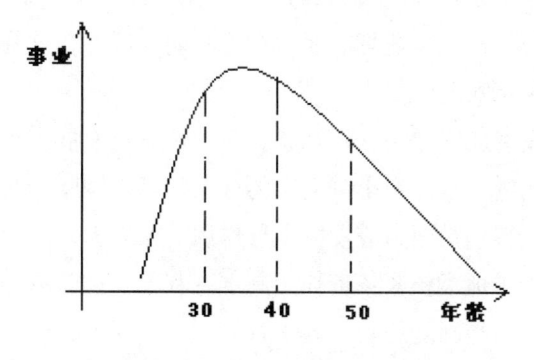

图7-4（b） 自然科学工作者职业线

（3）职业成功与配偶的教育背景关系较大，与个人的教育背景关系更大。

（4）职业成功与个人家族背景关系较大。这与中国的传统思想有关，即男人承担着"传宗接代，光宗耀祖"的责任，家庭和家族的资源大部分都被用来给男孩子作为事业支撑，甚至不惜牺牲自己女儿的幸福为其兄弟提供更多的资源支持。

（二）女性职业发展的模式与特点

女性的职业发展模式主要有以下几种方式，参见图7-5：

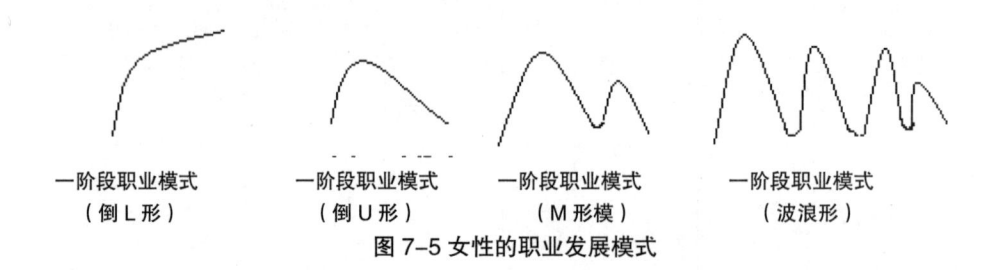

一阶段职业模式　　一阶段职业模式　　一阶段职业模式　　一阶段职业模式
（倒L形模）　　　（倒U形）　　　　（M形模）　　　　（波浪形）

图7-5 女性的职业发展模式

（1）一阶段模式（倒L形模式），即从参加工作一直持续到退休。结婚生育后承担工作和家庭双重责任。如大多数中国女性目前的就业模式。

（2）二阶段模式（倒U形模式），即结婚前职业参与率高，结婚特别是开始生育后参与率迅速下降，男性挣钱养家糊口，女性婚后做家庭主妇。如新加坡、墨西哥等国家许多女性的就业模式。

（3）三阶段模式（M形模式），即婚前或生育前普遍就业，婚后或生育后暂时性地中断工作，待孩子长大后又重新回到职场。如美国、日本、法国、德国等发达国家许多女性的就业模式。

（4）多阶段模式（波浪形模式），即多次阶段性就业，女性根据自身的状况多次进出职场。这种模式是近十年才出现的，如社会福利水平较高的北欧国家就开始流行这种女性就业模式。

女性职业发展的主要特点：

（1）两个高峰和一个低谷。两个高峰，一个是在女性就业后的6~8年间，即女性就业后但未生育前；另一个是在35岁以后的十余年间，此时孩子基本长大，家庭负担减轻，自身精力仍充沛、阅历丰富，事业辉煌通常在此时期。低谷在这两个高峰之间，通常是生育前期和抚养孩子的8年间。

（2）就业面窄，发展速度缓慢，婚姻状况对女性职业发展有较大的影响。女性面临的工作角色与家庭角色的冲突是一个十分复杂的社会问题。国际经验表明，缓解这一冲突需要全社会的共同努力，特别是政府应发挥主导作用。如大力发展家政服务业，推进家务劳动社会化，倡导男女平等地承担家务责任，制定有利于女性就业的社会政策，鼓励实行弹性就业制度，改革社会福利制度等。

三、职业通道

职业通道是组织中职业晋升的路线，是员工实现职业理想和获得满意工作，达到职业生涯目标的路径。组织中的职业发展通道不应是单一的，而应是多重的，以便使不同类型的员工都能寻找到适合自己的职业发展途径。我国的海尔公司在这方面的探索值得借鉴，海尔对每一位新进厂的员工都进行一次个人职业生涯培训，不同类型的员工自我成功的途径不尽相同，为此海尔为各类员工设计出了不同的升迁途径（见表7-6），使员工一进厂就知道自己该往哪方面努力才能取得成功。

表7-6 各类员工升迁路径及职务序列一览表

员工类别	区分性特征	升迁途径
科研人员	专业型	设计员 → 设计师 → 副主任设计师（一级、二级）→ 主任设计师（三级）→ 总设计师
生产技术人员	专业型	技术员 → 助理工程师 → 工程师 → 高级工程师
营销人员	业务型	①业务员 → 营销中心经理 → 营销分部部长 → 营销公司经理 → 事业部长 → 本部长 ②业务员 → 营销中心经理 → 职能处（厂）长 → 职能部部长
一般管理人员	管理型	①科员 → 科长（车间主任）→ 处（分厂厂长）长 → 职能部部长 → 事业部长 → 本部长 ②普通科员 → 专业科员 → 副主任科员（一级、二级）→ 主任科员（三级）
工人	操作型	①操作工 → 质量明星一星 → 二星 → 三星 → 四星 ②操作工 → 助理技师 → 技师 → 高级技师

四、职业生涯设计

职业生涯设计是在了解自我的基础上确定适合自己的职业方向、目标，并制订相应的计划，以避免就业的盲目性，降低就业失败的可能性，为个人的职业成功提供最有效的路径，或者说，是在"衡外情、量己力"的情况下设计出合理的可行的职业生涯发展方案。

职业生涯设计基本上可分为自我认知、职业认知、确定目标、职业生涯策略、职业生涯评估五个步骤。

（一）自我认知

从事适合的工作，才能发挥自己所长。因而，在进行职业生涯设计时，首先必须了解自己的各种特点，如基本能力素质、工作风格、兴趣爱好、价值观、个性特征、自己的长处与短处等。其中自己具备的职业技术和职业兴趣是最关键的两个因素。对自己认知程度越深刻，职业生涯的目标和方向才越明确。

对自己的认知，可以通过专家协助（如做测试题、专家访谈等），也可以不断反思以下问题：

（1）自己喜欢的工作有哪几种？

（2）自己的专长是什么？

（3）现有的工作对自己的意义是什么？

（4）家庭对自己的工作有哪些影响？

（5）有哪些工作机会可供选择？

（6）与工作有关的因素有哪些？

（二）职业认知

职业生涯设计的前提不仅限于对自身内在因素的了解，还必须对客观环境进行考察，了解职业分类、职业性质、组织情况。职业分类包括职系、职级和职等。许多国家都有职业分类词典。职业性质需要人们深入了解，因为人们认识一个职业常常只看到表层的东西，如对演员只看到台上的风光，不了解台下的艰辛；对大学教师，只看到能自由支配时间的好处，却未体会到他们的压力与辛苦。另外，在欲加盟一家组织之前，多下点力气去研究该组织的结构和文化等是十分必要的。

（三）确立目标

在知己知彼的情况下，根据自己的特点和现实条件，确立自己的职业生涯目标。职业生涯目标通常分为短期目标、中期目标、长期目标和人生目标，短期目标一般为1～2年，中期目标一般为3～5年，长期目标一般为5～10年。职业生涯目标的设定是职业生涯设计的核心。

（四）职业生涯策略

详细分解目标，制订可操作的短期目标与相应措施的教育或培训计划。为达到目标，你必须思考以下问题：

（1）选择哪条职业生涯路径？职业生涯路径是指以什么途径去实现你的人生目标。无论什么样的组织，实现职业生涯目标的主要路径都有两条：管理路径和技术路径，两条路径合并起点恰好是一个代表着胜利的"V"字母，如图7-6所示。你可以选择其中一条，也可以两条并举或者是走双路径。此时你要考虑的问题是：①你希望通过哪条路径发展去实现生涯目标？②你适合通过哪条路径发展去实现生涯目标？（你具备这种发展的主观条件吗？）③你的组织能够给你提供什么样的路径让你去实现生涯目标？（你具备这种发展的客观条件吗？）

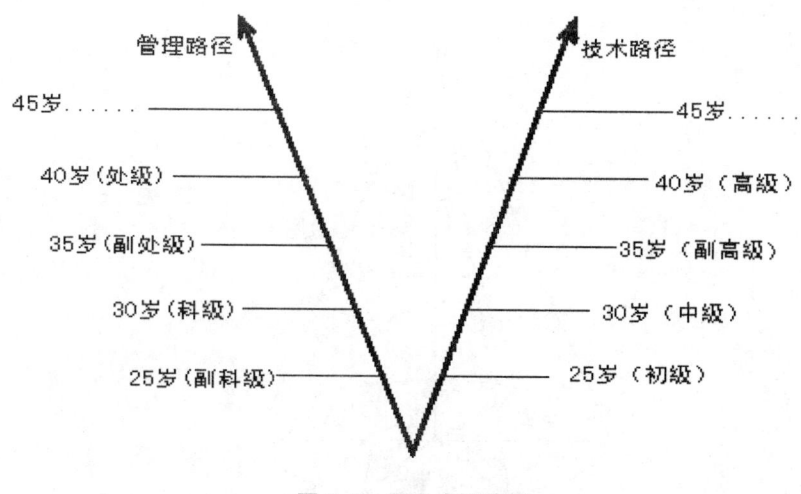

```
管理路径                    技术路径
45岁......  ———          ——— 45岁......
40岁(处级) ———          ——— 40岁(高级)
35岁(副处级)———         ——— 35岁(副高级)
30岁(科级) ———          ——— 30岁(中级)
25岁(副科级)———         ——— 25岁(初级)
```

图 7-6　职业生涯路径

（2）在工作方面，你将如何提高你的工作效率？

（3）在业务素质方面，你计划学习哪方面的知识和技能？

（4）在潜能开发方面，你要注重哪些方面潜能的开发？

（五）职业生涯评估

人是善变的，环境是多变的，影响职业生涯的因素很多，有的因素变化是可预测的，有的因素变化是难以预测的。要使职业生涯计划行之有效，就必须根据个人需要和现实的变化，不断对职业生涯目标与计划进行评估和调整。其调整内容如下：职业的重新选择；职业生涯路径的重新选择；人生目标的修正；实施措施与计划的变更。在 21 世纪，工作方式不断推陈出新，工作要求不断提高，人们要不断地审视个人的人力资本，找出不足，适时修正目标，及时采取措施。

五、实施 PPDF

在发达国家很多组织都有职业生涯成长计划（PPDF—Personal Performance Development File）。职业生涯成长计划把个人发展与组织发展紧密联系在一起，组织通过它让员工形成合力，形成团队，为组织的目标去努力并实现自我价值。个人 PPDF 基本上有三个方向，如图 7-7 所示：

（1）纵向发展，即沿着组织的层级系列由低级向高级提升。

（2）横向发展，即跨职能部门的调动、在同一层次不同职务之间的调动，如由工程技术部门转到采购供应部门或市场营销部门等。横向发展可以发现员工的最佳"亮点"，同时又可以使员工积累各个方面的经验，为以后的发展创造更加有利的条件。

（3）向核心方向发展，虽然职务没有晋升，但是却担负了更多的责任，有了更多的机会参加组织的各种决策活动。

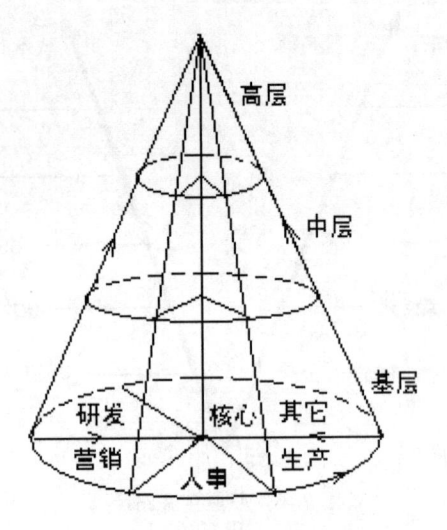

图 7-7 个人在组织中职业生涯方向

第八章 人员使用

第一节 合理使用人员

人力资源管理的目的在于合理使用人力资源,最大限度地提高人力资源使用效益,以低人力资源成本的投入获取高产出。本节虽然主要阐述企业中的人员使用,但是其中所阐述的原则与道理也适用于行政机关和事业单位。

人力资源是企业一切活动的主体,合理使用人员有利于提高企业的管理水平,有利于进一步提高员工的整体素质,从而不断增强新产品的研究开发能力,加大产品科技含量,提高劳动生产率,提高设备使用率,节约材料与能源消耗,降低成本,减少生产过程中的环境污染等。相反,人员使用不当,有的人没有事情做,该做的事情没人去做;在人员使用上该用的不用,不该用的滥用;事情人人负责,出了问题又人人不负责,相互推诿、扯皮。可以想象,这样的企业不可能有长久的生命力。所以,合理使用人员对企业的生存与发展具有至关重要的意义,只有做到人尽其才,才能做到物尽其用、财尽其力,才能使企业得到长期的可持续发展。企业合理配置人力资源的要素主要有劳动分工与协作、劳动定额、劳动定员、劳动时间、轮岗制度等。

一、劳动分工与协作

现代化大生产是将劳动者集中到一起,使用各种劳动工具、机器、设备,作用于劳动对象的一种既有合理的分工又有紧密协作的劳动。劳动分工是合理使用员工的基础,要做到合理分配每个劳动者从事某一局部工作,实行劳动专业化。劳动分工与协作要以企业的生产技术特点为依据,满足企业合理组织生产的要求。

(一)合理组织生产过程的具体要求

第一,生产过程应当保持连续性。生产过程各阶段、各工序之间要紧密衔接,不发生中断。以制造业为例,在全部生产过程中劳动对象始终要处于运动状态之中,不能出现所谓的误工现象:在线产品在某道工序积压等待加工,与此同时其他工序在等待着在线产品的到来。不难看出,保持生产过程的连续性是获得较高劳动生产率的重要因素。产品生产周期的缩短、减少在线产品在生产流程的数量从而节省流动资金、有效利用设备和生产场地等都离不开生产过程连续性的保证。

第二，生产过程在时间上要保持平行进行，即生产过程的平行性。平行性是指生产过程的各项活动、工序在时间上平行运行。在同一时刻，各道工序都在进行作业。

第三，要保持生产过程各阶段及各工序的相互协调性。协调性是要保持各工序生产能力的合适比例关系。

第四，均衡性也是生产过程组织的重要要求。均衡性是指生产过程的节奏：相同时间间隔内要保持产品生产数量的均衡。

现代化大生产活动必须讲究劳动过程的分工与协作。要求劳动力、劳动工具、劳动对象的密切结合，按照产品生产工艺的要求组织成一个相互联系、相互协作、有秩序、有效率的完整的生产体系。

（二）生产过程的构成

劳动分工要在对企业整个生产过程进行科学分解的基础上进行。生产过程主要由以下几个子过程构成：

1. 生产技术准备过程。

2. 产品基本生产过程。构成产品基本生产过程还包含诸多不同的工序。工序是指在一个相对集中的工作台位上，由一个或数个操作者对一定劳动对象所进行的特定的生产活动。一个产品的生产，根据其复杂程度的不同，可能要经过一道或几道工序才能完成。劳动分工决定了工序的划分。

3. 辅助生产。

4. 生产服务。

（三）作业组

作业组是企业中最基本的劳动组织形式，是在劳动分工的基础上，为完成一定的任务，将相互协作的有关人员组织在一起构成的劳动集体。

一般而言，在下列情况下应当建立作业组来组织生产：

1. 生产工作任务必须由几个工人共同作业才能完成。这时通过作业组就可以合理进行组内人员的协调配合，高质量、高水平、高效益地完成任务。

2. 流水生产线或自动生产线作业。如黑色家电的部件生产线、装配线、汽车发动机缸体加工自动线等，工人的工作有成果上的联系，组织作业组有利于协调全线生产。

3. 综合性强的作业任务。有些节奏快、相互衔接紧密的工作，可能会将一些辅助生产工作与基本生产工作结合组成作业组。

4. 随时需要调动和安排的专业生产任务。

在建立作业组的时候注意要将生产上有直接联系的工人组合到一起，不能拼凑。

二、劳动定额

劳动定额是指在一定的生产技术和组织的条件下,生产一定量的产品或者是完成一定量的工作所必需的劳动消耗量的规定标准。劳动定额常见的有如下两种形式:

1. 工时定额标准。按照生产单位合格产品所需要的时间所制定的劳动定额标准。
2. 产量定额标准。按照单位时间内生产合格产品的数量所制定的劳动定额标准。

不难看出,按照工时定额标准,生产单位合格产品所需要的时间越少,则劳动生产率越高;按照产量定额标准,单位时间内生产产品的数量越多,则劳动生产率越高。这两个定额标准之间存在着工时定额 × 产量定额 =1 的互为倒数的关系。

具体劳动定额的制定可有如下几种方法:

(1)经验估算法。由劳动定额人员、技术人员和具有丰富经验的老工人根据产品的设计与技术要求、加工工艺、设备、工艺装备、原材料与毛坯情况、生产组织形式等,凭借经验估算而来的定额。一般而言这种方法简便易行,修改方便,定额制定所需时间短、覆盖面大,但是同时受到从事定额工作人员经验与水平的限制,定额准确性差,特别是当引起争议时显得技术依据不足。有时,为了提高估算定额的准确性,可按最乐观时间、最保守时间、最可能时间的平均值计算。

(2)统计分析法。统计分析法是根据以往生产同类型产品的实际消耗上的记录、统计资料,结合当前生产组织、技术组织情况的变化制定定额的方法。这种方法的依据来自对过去发生情况的统计,比经验估算更能反映实际工人的技术操作水平,覆盖面广。这种方法比较适用于产品与生产状态稳定,原始资料齐全、准确,管理有素的企业。

(3)技术测定法。技术测定法是一种根据对生产技术条件和生产组织条件的分析与研究,通过技术计算、现场测试与分析确定定额时间的方法。

在进行劳动定额时,既要考虑到企业劳动生产率与科学技术的提高,也要切合实际;既要有科学依据,又要有广泛的群众基础。定额水平过高,多数员工经过努力之后仍然不能完成,会挫伤员工的劳动积极性;定额水平过低,不经努力就可达到或是超额完成,就失去了定额应有的作用。从尺度上看,要将定额保持在使广大员工经过努力可以达到、部分员工可以超过、少数员工可以接近的水平。

三、劳动定员

劳动定员是企业人力资源管理的一个重要组成部分。劳动定员是企业根据生产方向、生产规模和产品方案,根据劳动定额和定员标准及企业经营管理层次和机构设置等人力资源规划编制的。它规定一定时期内、一定技术条件下企业各部门应当占有的人力资源数量。劳动定员工作覆盖了从事生产、技术、经营管理和服务的工作人员,具体而言包括从事基本生产的工人、辅助工人、工程技术人员、经营管理人员、服务工作人员。因私出国或长期病假等与企业生产经营无关人员，以及企业临时生产所需人员不列入企业定员。能够单独顶岗生产的学徒工可纳入定员计算。

　　劳动定员的方法可以根据企业特点、企业内各类人员的性质及影响定员的不同因素确定。劳动定员的方法主要有以下五种，企业可根据自身情况决定采用何种办法：

　　1. 按照劳动效率定员。根据计划规定的任务所确定的工作量、工人的劳动效率和出勤率确定定员的方法，其计算公式如下：

　　定员人数 = 每班应完成的工作量 ÷（工人劳动效率 × 出勤率）× 每日轮班次数

　　这种方法适用于有劳动定额的工种，特别是以手工操作为主的工种。

　　2. 按照看管设备定员。根据设备台数、操作者看管设备台数、设备开动班数、工人出勤率确定定员的方法，其计算公式如下：

　　定员人数 = 必须开动的设备台数 ÷（工人看管设备台数定额 × 出勤率）× 设备平均开动班次

　　这种方法适用于以机器设备操作为主的工种。

　　3. 按照岗位定员。根据工作分析中各种岗位的工作职责及劳动分工确定下来的需要工人岗位数、每个岗位的工作量、工人的劳动效率、开动班次和出勤率计算定员数量的方法。根据实际需要可以一人一岗、一人多岗或一岗多人。

　　4. 按照比例定员。根据员工总人数或某一类人员的总数，将之折合成一定比例计算某个工种定员的方法。如管理部门定员可通过应占员工总数的比例来计算，采用这种方法要注意比例确定的科学性，可以参照行业规范、先进企业定员的标准，结合企业的自身情况，通过工作量的统计分析进行定员的计算。

四、劳动时间制度

　　劳动时间制度是企业在工作日内设置的工作班制度。

　　1. 单班制。每天只组织一班生产。单班制有利于职工的身体健康，便于进行人员与生产管理。单班制也造成设备、厂房闲置，不能充分利用。

　　2. 多班制。每天组织两个或是两个以上工作班生产。一般有以下几种：两班制：组织早班与中班生产，这样可以设早班6至14时工作、中班14至22时工作；三班制：组织早班、中班与夜班三班生产，可以设早班6至14时工作、中班14至22时工作、夜班22时至第二天早6时工作。企业工作班制度与工作时间可有不同。有些企业为避开交通高峰或是为节约费用，避开用电高峰，会有与众不同的时间安排。有些企业生产必须连续进行不允许中间停止，可能还会有较复杂的工作班制度，如采取四三制，即有四个作业组，每天三班生产，企业不再有统一的休息日，在俗称厂修日或厂礼拜的时间，工作组轮换休息。

　　劳动轮班是劳动分工在时间上的协作。实行多班制生产，必须做好工作轮班的组织工作。组织好这一工作要做到以下几点：

（1）合理安排轮班，保证工人身体健康。夜班生产要消耗工人较多精力，容易疲劳，长期上夜班会影响工人身体健康，所以不能安排某组工人长期进行夜班生产。要注意不安排年老工人与孕妇的夜班，以保证安全生产。

（2）各班工人均衡配置。各班工人配置力求数量、水平上的综合平衡，以保持生产稳定进行。

（3）加强夜班生产的组织与服务。企业各级生产指挥人员与有关职能部门要设立夜班值班服务制度，处理夜班生产中发生的问题。

（4）严格交接班制度。要界定各个轮班责任，建立并严格执行交接班制度。例如，设备安全运行情况、材料领取与消耗情况、生产中使用的工具、量具、生产任务完成情况等，都要进行分别验收、记录和考核。

五、轮岗的组织

轮岗是指劳动力在企业内部进行不同工作岗位的轮换。企业根据生产、管理与提高员工素质、技能的需要，可以采取多种形式的轮岗活动。主要形式如下：

临时轮岗：为适应短期产品结构调整的需要，企业常通过轮岗调整解决劳动力出现的多余和不足。有些企业让新参加工作的技术人员到车间实践的做法也属于临时轮岗的范畴。

换岗：企业为提高劳动者素质与技术水平，提高企业管理水平，定期对一些管理人员、技术人员采取的轮换岗位的办法。

转岗：出于长期产品结构调整的需要，企业为解决劳动力的多余和不足而采用的通过提高操作者技术水平使之从事新的工作岗位的转岗办法。对于长期不能胜任本职工作的员工，管理人员也应通过转岗调整其岗位。

轮岗工作必须有序进行。轮岗可在同一工序内变换不同工种；在不同工序中从事相同工种；也可以在不同性质管理工作人员中轮换工作，如技术人员从事管理工作、工艺人员与设计人员轮换工作，等等。轮岗工作必须有目的、有计划地进行。轮岗工作不能过于频繁，应从实际需要出发。

第二节　用人模型

人力资源管理者在对被使用对象做出某种用人抉择时，他首先面临的抉择是用还是不用，接下来才考虑怎么用或怎么不用，在怎么用一项里，又要考虑是重用、使用还是利用的不同用人行为。

一、司马光模型探析

司马光是中国古代著名的管理专家和学者，他的领导科学专著《资治通鉴》至今仍闪烁着智慧的光芒，对现代人才资源开发的理论研究和实践工作具有一定的启迪和借鉴作用。

1. 司马光的人才标准和人才分类研究

司马光在谈到人才标准和人才分类时曾经表述了如下看法：

（1）德才标准及含义。"臣光曰：智伯之亡也，才胜德也。夫才与德异，而世俗莫之能辨，通谓之贤，以其所以失人也。夫聪察强毅之谓才，正直中和之谓德。"

（2）德与才之间的关系。"才者，德之资也；德者，才之帅也。"

（3）人才的四种类型。"是故才德全尽谓之圣人，才德兼亡谓之愚人，德胜才谓之君子，才胜德谓之小人。"

（4）用人之道。"凡取人之术，苟不得圣人君子而与之，与其得小人，不若得愚人。何则？君子挟才以为善，小人挟才以为恶。挟才以为善者，善无不致矣；挟才以为恶，恶也无不至矣！愚者虽欲为不善，智不能周，力不能胜，譬如乳狗搏人，人得而制之；小人智足以遂其奸，勇足以决其暴，是虎而翼者也，其为害岂不多哉！"

（5）用人决策中常犯的错误。"夫德者人之所严（严者，敬也），而才者人之所爱，爱者易亲、严者易疏。是以察者多蔽于才而遗于德。自古昔以来，国之乱臣，家之败子，才有余而德不足以至于颠覆者多矣，岂特智伯？故为国为家者苟能审于才德之分而知所先后，又何失人之足患哉！"

2. 司马光的人才标准模型

按照司马光的人才标准理论，可以构建如下模型：

（1）对模型解释

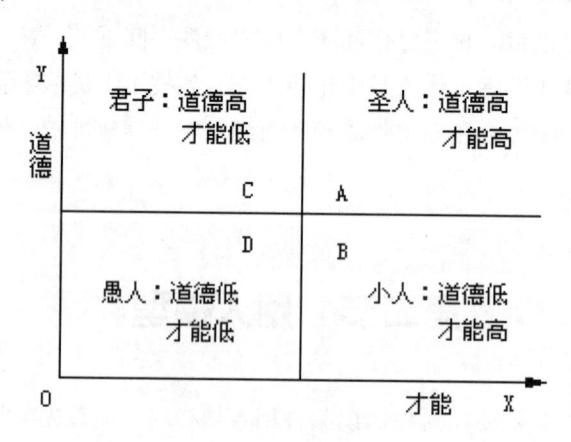

图 8-1 司马光人才标准模型

（2）人才的四种类型

X 与 Y 轴相交于 O，可以得出 A、B、C、D 四种人才类型：

A. 道德高，才能高，可委以重任。
B. 道德低，才能高，坚决不用。
C. 道德高，才能低，可重用。
D. 道德低，才能低，弃之不用。

二、麦肯锡模型探析

麦肯锡管理顾问公司的管理思想和用人之道，可以用麦肯锡模型来表示：

1. 麦肯锡人才标准模型

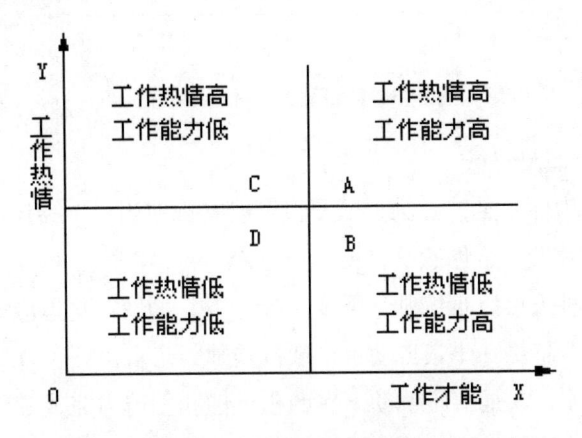

图 8-2　麦肯锡人才标准模型

2. 人才的四种类型及解释

A. 工作热情高，工作能力强，要重用，要鼓励。
B. 工作热情低，工作能力强，害群之马，坚决不能留用。
C. 工作热情高，工作能力低，要大力培训或调整至其他岗位。
D. 工作热情低，工作能力低，解雇、调出。

三、蒙哥马力模型探析

"二战"期间英军统帅蒙哥马力有其独特的用人之道。他从聪明与勤快两个角度评价人才，将人才分为四大类，并提出了使用的方法。

1. 蒙哥马利人才标准模型

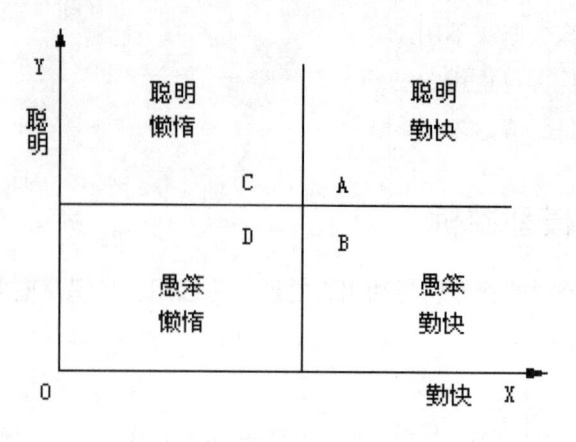

```
Y
聪明  │ 聪明
懒惰  │ 勤快
      C│A
───────┼───────
      D│B
愚笨  │ 愚笨
懒惰  │ 勤快
O              勤快  X
```

图 8-3　蒙哥马利人才标准模型

2. 人才的四种类型及解释

A. 聪明勤快。因为他手勤、腿勤、脑子快可以安排他当一个参谋或助手。

B. 愚笨勤快。这种人会给你惹祸，要尽快赶走。

C. 聪明懒惰。这种人可以当统帅，需要解释一下。懒惰在这里应该理解为不是事必躬亲。管理者不应该也不需要一律亲自动手，亲自挂帅，亲自出征。领导之道就是决策，具体讲就是出主意用人才，就是善于调动下属的积极性和创造力完成工作任务。通俗地讲就是要让下属都忙起来。从这个意义上讲"懒惰"就有了积极意义，领导之术就是分身之术。

D. 愚笨懒惰。可以支使他去干事。

四、科学合理的用人模型

借鉴司马光的用人之道，根据对象的不同德才素质，把使用对象划分成圣人、凡人、君子、小人和愚人五类，有四种不同的用人方式：重用、使用、利用和不用。如图8-4所示。

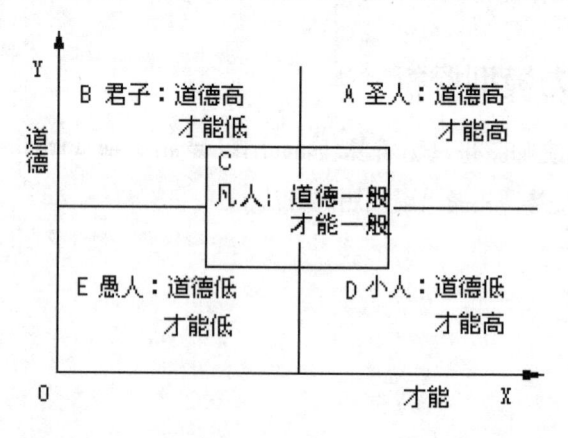

```
Y
道德
    B 君子：道德高  │  A 圣人：道德高
         才能低     │       才能高
                 ┌──C──┐
                 │凡人：道德一般│
                 │    才能一般│
                 └─────┘
    E 愚人：道德低  │  D 小人：道德低
         才能低     │       才能高
O                          才能  X
```

图 8-4　作者的用人模型

（一）德才皆优型的"圣人"——重用

德才皆优型就是在德和才的主要素质方面相当出色，出类拔萃，当然并非完人，且只占使用对象中的少数。对此类人管理者应重用，重用是最令人羡慕的一种具有战略性的用人抉择，因为被重用的德才素质的优劣，往往决定着一个地区、一个单位的兴衰成败。在现实生活中，重用有两种情况：明的重用，身居要职；暗的重用，不在要职但却能左右着整个事态的发展。受重用固然好，说明管理者非常信任你，但越受重用，下属肩负的责任也越重，且随时都有进一步得宠或突然失宠的可能性，事成之后易获殊荣，事败之后也极易受惩罚。

（二）德优才劣型的"君子"——使用

德优才劣的人在道德品质方面无可挑剔。政治上可靠完全值得信赖，但才能低劣、知识浅薄、缺少见识、依赖性强。群众通常称之为没什么能耐的好人。由于可靠性强，对这类人管理者仍可以使用。但要注意以下几点：一是配备拐杖，以弥补才能之不足。二是避免将其派到远离领导的岗位从事复杂的工作，还要避免将其和诡计多端的小人搭配在一起。三是避免岗位对才能的限制，要扬其长，避其短。四是积极帮助他们增长才干，只要创造良好的外部条件，加上自身的刻苦努力，有些才劣的人也能逐步转化为才优的。

（三）德才中常型的凡人——使用

使用，是管理者对被使用对象的一定的信任感，被使用对象自身又有一定的德才素质的情况下，管理者做出的一种常规性的用人抉择。凡人是指德才中常型的人，他们在德和才的主要素质方面，既看不出明显的长处，又挑不出严重的毛病，比下有余，比上不足。他们在各地区、各单位都占大多数，构成员工队伍的主体，是领导都必须依靠的基本群众，在用人抉择时显然应该采取使用的方式。这类下属对待工作，一般不怎么挑剔，对工作岗位也感到心理上的满足。精明的管理者一般都十分重视合理使用这部分占大多数的下属，坚持公正性（对谁都一视同仁）、合理性（尽可能用其所长）、竞争性（鼓励冒尖，奖勤罚懒）和宽容性（给予适度的自由），唯有这样，才能赢得多数人的心，使他们心甘情愿地被管理者使用，正所谓士为知己者死，管理者还要善于从这类人中发现新的值得重用的人。

（四）才优德劣型的"小人"——利用或不用

利用，是管理者对被使用对象缺乏必要的信任感，但由于被使用对象尚有"可用之处"，他的某一专长对管理者的事业有"好处"，在此种情况下管理者做出的策略性的用人抉择。才优德劣型的人，通常有才华，能量大；善于掩饰自己的短处；善于投管理者所好。伸手早，早识破，危害性最小；若手段隐蔽，既投资（搞好工作）又获利（随时巧妙地捞一点）就难识破，危害性较小；若立志高远，有不可告人的野心，先"奉献"直到窃据高位再无情掠取，则最难识破，危害最大。所以管理者对被使用对象缺乏必要的信任感，但由于他尚有"可用之处"，他的某一专长对管理者的事业有"好处"，所以可以巧妙地暂时地利用其有才的长处，这样有利于开发人才资源，获得最大的人才效益。但利用此类人时，要注意以下几点：（1）授予职权有限，影响不了大局；（2）使其受到严密监视和控制；（3）任用有一定期限，过期需要重新任命；（4）一旦完成了使命，可以弃之不用；（5）注意不能让被使用对象感觉到被利用。所谓不用，又分养而有用和用而不用，养而不用是以养为手段达到不同的目的，如让其去进修学习，或疗养，使之无事可做。用而不用是指以用为手段达到不用的目的，像此才他用、似用非用，如任其虚职、闲职。

（五）德才皆劣型的"愚人"——不用

其实这类人并不笨，他们尽管道德品质低劣，又无真才实学，但作为吃惯了大锅饭的他们，自己不会干，又眼红别人，在制造内耗方面，往往是流言蜚语的制造者和传播者，具有一定的破坏性，要警惕，可根据不同的对象采取养而不用的和用而不用的用人抉择。

可见在管理者的用人行为中，被重用者少，被使用者多，被利用、不用者更少。由于人是复杂多变的高级动物，决定了管理者对下属的认识不是一次完成的，而是不断积累、补充、修正和深化的，因此，几种不同性质的"用人"，并非一成不变，而是有可能相互转化的，当促使这种转化的内外条件基本成熟，管理者对下属信任度已经发生质的变化时，原有的用人抉择就可能产生顺向转化：不用—利用—使用—重用，或逆向转化：重用—使用—利用—不用。

以上五种类型仅仅是根据德才素质的不同而划分，即德与才在人身上与量的不同配比，从理论上进行的大致划分，在实际管理工作中，对下属的分类和使用，绝不能"一次定终身"，而应该随着客观情况的不断变化而经常调整对下属的评价及用人行为。要避免在识人讨程中某人非好即坏，或非坏即好的二点论，走极端，要用历史的、辩证的、发展的眼光去识人。用人时要尽量避免大材小用的屈用，小材大用的宠用，此材他用的误用，似用非用的错用。应按照管理理论中的能级原则，引进竞争机制，动态地将具有不同德才素质的下属安排到相应的能级当中，今天被重用或使用，明天可能会被利用或不用；今天被利用或使用，明天可能被使用或重用，真正实现人员能上能下的动态聘用管理，单位才能搞活，事业才会兴旺。

第三节　用人艺术

用人的目的是充分调动每个下属的工作积极性，是使下属人尽其才、才尽其用，是把所有的下属团结在管理者的周围，按照管理者所要求的方式活动，去完成管理者事先确定的某一特定的组织目标。这就要求人力资源管理者掌握一定的用人技巧或用人艺术。

一、性格差异分析与用人

（一）使用主动型人和被动型人艺术

在一个组织中，按照人与人之间行为的传递、接受和相互影响，可以将人划分为主动型人、被动型人和主动被动中间型人。

1. 主动型与被动型人特征

主动型人也被称为主导型人，他们重视人自身的内在价值，对自我认识深刻，有自知之明又有知人之智。他们有浓厚的创造意识，有较强的工作能力，他们有开拓精神，有主见，有谋略，在组织中，是角色行为的发出者，有很强的影响力，他们通过自己的行为影响周围的人，在组织中是一个举足轻重的角色。他们不轻易附和大家的意见，对上级的命令不盲目接受、机械执行。常常冒犯上级，容易给人目无领导的印象。这种人走向极端会产生对抗领导、不顾全大局的行为，更有甚者会产生分裂倾向。

被动型人也被称为依附型人。他们的行为较多地受他人行为的影响，属于角色行为传递过程的接受者。他们所表现出来的是一种顺势行为，即受他人行为影响、受他人行为左右。在组织中他们能够较好地完成指派的任务，但缺乏主见，更少创建。他们对上级非常恭敬，能不折不扣地完成上级交给的任务，由于顺从、好管理，因此容易得到上级赏识，但走向极端会成为唯唯诺诺、吹牛拍马、阿谀奉承之徒，败坏社会风气。

现实生活中不存在纯理论意义上的主动型人和被动型人，大多数表现为某一种倾向占主导地位。另外，有一部分人处于主动与被动中间型状态。

2. 管理艺术

不少管理者喜欢使用和提拔被动型人，因为这一类人，有利于贯彻自己的意图。如果组织排斥主动型人则组织趋于保守。反之如果主动型人太多，每个成员又都坚持自己的价值观和意见，整个组织会处于无政府状态，内耗大、效率低下。起用什么人与组织状态有关，组织一般有高层、中层和基层三个层次，根据不同层次的要求，使用他们的原则如下：

基层管理者。可以用被动型人。这样做是因为整个组织的目标和工作，只有依靠多个基层不折不扣地努力才能达到。对基层的要求主要是执行，所以安排被动型人负责为好。

中层管理者。中层管理者可以较多地使用主动被动中间型人，也可以使用懂得服从、有组织观念的主动型人。中层是上下之间的缓冲层次，使用主动被动中间型的人和有组织观念的主动型的人，可以使基层反映上来的矛盾，在这一个层次内解决，减轻上级压力。有的管理者常常陷入基层层出不穷的矛盾纠纷中，就是选用了被动型的人做中层管理者，这些人遇到矛盾就上交，职权范围内的事也不负责任，使高层管理者顾此失彼，无精力研究重大问题。中层是一个单位的关键，中层用人不当，事关重大。

高层管理者。高层管理者必须使用主动型的人。一个组织必须有一大批极富创造力的人，对全局工作做出规划、决策和判断。如果高层管理者都是唯唯诺诺的顺势者，这个组织将失去生机与活力，失去创新精神，工作将得不到发展。

（二）区分性格差异用好各类人才

一个人性格的形成是先天遗传因素和后天社会因素互相作用的结果。先天因素的不同和后天环境的差异形成了人类性格的多样性和复杂性。

1. 人的先天心理特征

人的先天心理特征大致可以划分为三种类型：躁郁型（A型）、黏着质型（B型）、分裂质型（C型）。躁郁型（A型）人，对环境适应能力很强，易亲近人，善于交际，有同情心，通融，活泼，人缘好，执行任务能力强。不足之处是，做事没有一定规则，往往不假思索行动，做事有干劲但没有持久性，易发怒但很快遗忘，无所用心，办事无条理，方法不检点。

黏着质型（B型）人信守社会准则，顺从社会的一般观念，现实、稳定，但往往也显出僵化和顽固，有道德观念有礼貌，在正直和诚实方面是无懈可击的，行动缓慢有耐心，但一生气很久不会忘记。

分裂质型（C型）人思维能力很强，属立体思维或多路思维型，善于向才能高的人学习。办法、见解多，喜欢按照自己的标准行事，善于利用别人的微妙情感做事，先思考后行动，或者只思考不行动。

2. 人的后天心理特征

进入社会后，情况渐渐有了变化，有的获得成功，有的屡遭挫折，有的时而成功时而失败。依上述情况，人的后天心理特征又可分为三种类型，肯定型（又称积极型，简称P型）、否定型（又称消极型，简称N型）、肯定否定折中型（又称积极消极折中型，简称PN型）。

肯定型（P型）人。其随着事业成功，行为逐渐强化，活泼、有坚定信念，做事光明正大，相当积极，遇到困难和挫折时斗争性很强。

否定型（N型）人。其后天多是失败的经历，通常遇到的都是不愉快的事情，因而行动起来消极，行动范围相当小，话题少，依赖性强，服从命令，畏首畏尾，对社会活动不感兴趣，生活平淡，缺少上进心。

肯定否定折中型（PN型）人。这种人经历的是成功与失败交替的人生，他们既有成功经验又有失败教训，其行动表现为愉快和不愉快交替变化，有时信心十足敢担风险，有时又瞻前顾后当逃兵。

3. 性格差异与用人艺术

按照人的先天心理特征和后天心理特征，可以构成以下九种不同性格的人：

躁郁——肯定型 AP 型

黏着——肯定型 BP 型

分裂——肯定型 CP 型

躁郁——折中型 APN 型

黏着——折中型 BPN 型

分裂——折中型 CPN 型

躁郁——否定型 AN 型

黏着——否定型 BN 型

分裂——否定型 CN 型

使用九种类型的人的方法与艺术：

AP 型人。这种人爽直顺从，又加上后天较多成功，是一种容易管理的对象。管理者对这种人无须多加顾虑，可以开门见山坦率地布置工作。如果布置的工作与他的考虑一致，他会立刻积极地执行。如果布置的工作与他的想法不同，也会直率地申诉理由。管理者只要平等待人，尊重他的意见，很容易管理这种人。

BP 型人。与 AP 型人相比，这种人显得比较难管理。由于这种人严格信守社会道德观念和道德标准，管理者在这种人面前，应该是恪守道德和规范的典型，才能成功地管理他们；表率作用差的人，德才水平低的人，管理这种人是十分困难的，这种人工作和生活安分守己，是社会的稳定力量。

CP 型人。这种人习惯独创性思维，不轻信管理者的一般性陈述。管理者对这种人布置工作时，应该有条有理、逻辑性强，使他感到这件工作确实重要，必须办好。此外管理者在这种人面前还应该表现出决心、活力和高度的自信心，让他明白管理者决心很大，非付诸实施不可，只有这样才能促使这类人行动起来。对这种人切忌过分施加压力，否则会适得其反。

APN 型人。这种人后天有着成功和失败正反两方面体验。这种人可用成功经验和失败教训，从两方面激励他们。有时要抓住他们的弱点，用善意的批评引导他们，尽量避免他们再次失败。有时要充分肯定他们积极的一面，给予热情的鼓励和帮助，坚定他们成功的信念。这种人引导得法，发挥积极因素可以转化为躁郁肯定型（AP 型）人。若打击他们的热情和积极性，也会使他们变为躁郁否定型人（AN 型）。

BPN 型人。这种人会受成功因素的影响而奋发向上，也会受失败因素的影响而无精打采，还因为他们信守稳固而严格的社会规范，又最难管理，因此必须对他们采取有把握的方式加以领导和控制。管理者既要增强他成功的信心，又要避免造成他们失败，而且还要起表率作用，面对这种人，对管理者水平要求是比较高的。

CPN 型人。这种人也有成功与失败两种刺激的经验与教训，还因为他们有独创性特征，一般来说，他们思维能力强，有能力慢慢地总结经验、吸取教训。对这种人管理者不必唠唠叨叨地劝告他们如何去做，也不必过分亲近，只宜在适当的场合和行动中支持他推动他即可。

AN、BN、CN 三类型人。他们的共同特点是后天失败的体验多，他们对失败的打击反应强烈。对这三类人，管理者要有信心，要意志坚定，并采取有效的控制方法，尽量安排他们从事确实可靠、保险、责任轻、必然成功的工作。运用强化理论，用不断成功的体验增强他们的信心，逐渐地恢复他们对人生未来的信念。对他们施加压力是没有用的，用温暖来感化他们效果最好。

二、用人技术

与传统的用人技术不同的是，现代用人技术更注重为管理者留有广阔的选择余地，更重视充分利用下属的有利成分，尽力抑制下属的不利成分，更强调用人方式的灵活性、有效性、适用性和针对性。具体说有如下优越性：

1. 不走极端，随时掌握主动。对被视为优秀的下属，既要予以重用，又要看到他可能存在的不利成分，随时保留调整的权利，尤其应该防止对他的盲目信任和重用；而对被视为后进的下属，则要看到他存在的有利成分，适时予以充分利用，并在利用中逐步扩大他的有利成分，缩小不利成分，从而使他增强自尊心和自信心，逐步走上成才之路。

2. 在动态变化中进行"微调"，始终保持足够的弹性。根据被使用对象的内在因素发生的微妙变化，以及他所处的客观环境（外在因素）发生的变化，及时对用人技术进行"微调"，使领导者对下属的使用，始终处于最佳状态。

3. 用人途径多样化。不仅能够针对下属的不同特长，热情地为他选定多种使用途径，而且还在相当的程度和范围内，允许下属可以为自己选定被使用途径。这一重大飞跃，不仅为用人技术增添了活力，而且极大地密切了上下级关系。

4. 变"榨油式使用"为开发式使用。人力资源如同其他自然资源一样，如果一味开采，不加保护，迟早会枯竭。针对这一特点，现代用人技术十分注重将使用与开发有机结合起来，强调在使用中开发，又在开发中使用。在使用过程中，既要挖掘下属的显能，又要挖掘下属的潜能。身处这样的使用境地，下属不会感到"油"被榨尽，反而觉得才智倍增，心情十分愉快。

（一）因事用人

所谓因事用人技术，是同因人设事针锋相对的一种用人艺术。它是指在用人行为中，管理者必须根据管理活动的需要，有什么事要办，就用什么人，绝不能有什么人，就去办什么事。显而易见，确立因事用人技术的根本宗旨，在于极俭省地利用人力资源，尽量避免人才浪费。

因事用人技术至少包括以下五方面的含义：

1. 这里的事首先是一个目标概念。它既包括现代管理活动的总目标（整体规划），又包括在这一管理过程中的各个分目标（局部规划）。从这个意义上说，因事用人就是指在选用人才时，应该尽量满足实现目标对选才、用才的需要。管理者只要严格按照管理活动的总目标及各个分目标的要求来物色各种人才，就可以断定，你所选用的下属，没有一个是多余的人。按照目标要求来物色人才，概括起来说，就是在德才两个方面应该具备实现目标之能力：德优——确保运行轨迹不偏向，不失控；才高——能够出色完成任务，攻克堡垒。

2. 这里的事又是一个质与量的概念。当管理者每天早晨走进办公室时，他首先考虑的就是："今天有多少事要办？""这些事好办吗？"然后再根据事情的数量（有多少事）、质量（难易程度）来物色相应的办事人员。这一事实提醒各级管理者，所谓因事用人，在某种意义上说，就是根据管理活动对办事的数量要求和质量要求，来恰到好处地选用各类人才。具体说来，在事与人之间，应该保持以下各种相对应的关系：

事多——增加人数，或者提高人质（用能人）；

事少——减少人数，或者降低人质（用常人）；

事难——提高人质（用能人）；

事易——降低人质（用常人）；

事既多又难——既增加人数，又提高人质；

事既少又易——既减少人数，又降低人质。

唯有这样，领导者才能做到极俭省地利用自己管辖的有限的人才资源。

3. 这里的事同时也是一个时空概念。它既包括各个不同时期需要办的事（近期、中期、远期规划），又包括各个不同地点（环境）需要办的事（甲单位的事，乙单位的事，国内的事，国外的事）。这些不同时空条件下需要办的事，分别向领导者提出了不同的用人要求。因事用人，就必须根据这些不同时空条件下需要办的事对人才提出的不同要求，因事制宜地选用最合适的人才。

在通常情况下，不同时空条件下的事，与各种不同内在素质的人之间，应该保持以下相对应的关系：

实现近期目标——选用具有脚踏实地，埋头苦干精神，果断、干练、有创见、能领会管理者意图的人才。

实现中期目标——选用具有一定战略眼光，既能透彻了解本单位的局部情况，又能看到周围地区的发展形势，有胆有识、敢想敢干的人才。

实现远期目标——选用立志高远、目光远大、具有较强宏观思维能力、能够预测客观事物的发展趋势，同时又具有坚韧不拔、百折不挠的气质，能够广泛团结群众的中青年人才。

办小环境的事——选用熟悉本地区、本单位的情况，具有一定专业知识和业务能力，在群众中享有较高声誉的人才。

办中环境的事——选用不仅熟悉本单位的情况，而且还了解与本单位有关的纵横系统的情况，具有较高专业知识水平和业务能力，有头脑、善交际，能够在比较复杂的情况下独立处理问题的高势能人才。

办大环境的事——选用能够看清时代前进的方向，有强烈的事业心和责任感，熟悉本地区、本单位情况，具有很强工作能力，懂外语、善交际，能够从容应对各种意想不到的复杂局面的杰出人才。

4. 这里的事还是一个速度概念。在领导者需要处理的各种事情中，有的是可以暂时放一放的缓事,有的却如同火烧眉毛,是必须马上去办的急事,有的属于经常遇到的规范性事件,有的却属于偶然遇到的突发性事件。这些不同类型的事情,分别对办事者提出了不同的速度要求——不仅要保质保量地办好事情,而且还必须在限定的时间里,以最快的速度把事情办好。在管理者要处理的各种大事、小事中,哪一件不夹带着速度要求呢！有的事情,甚至对完成速度提出了极严格的要求:既不能拖后,又不能提前,必须一秒不差地准时完成。为了满足管理活动对办事效率提出的速度要求,领导者在选用各类人才时,就不得不对下属的内在素质仔细斟酌了。

因事制宜地选人办事应注意:办急事——选用胆大心细、果断干练的人才;办缓事——选用细致耐心、稳重老练的人才。

5. 这里的事更是一个属性概念,即究竟是有助于实现目标之事,还是无助于实现目标之事,是分内之事,还是分外之事,是好事,还是坏事。对于有些事情,办了,未必对实现目标有益;一概不办,有时也会削弱与上级主管部门和兄弟单位的协调关系,对实现目标产生有害的消极影响。于是,作为一种策略,或许也是一门艺术,一些精明的管理者,便对一些形形色色的分外之事,分别采取应付、拖延、周旋、搪塞,乃至拒绝等各种处置方式。而在处理此类事情时,选用怎样的办事人员,也就成为管理者颇伤脑筋的一件日常工作了。

所以从这个意义上说,因事用人,就是指管理者在选用人才时,应该根据各种事情的不同属性,选用最适合办理某一件事情的下属。在正常情况下,领导者办理有助于实现目标之事、分内之事和好事,自然应该选派本地区、本单位的骨干和主力,将最优秀的人才个体和人才群体投入到此类工作中去。至于对那些无助于实现目标之事、分外之事和坏事,则完全可以置之不理,或者只派少数一般人员去应付一下。然而,在特殊情况下,为了使这种应付更加巧妙,不至于露出马脚,管理者也应该酌情选派头脑清楚、反应敏捷、擅长周旋的下属去从事这种工作,从而有效地维护整体和全局的利益。

从事一切管理活动的根本目的,就在于实现预定的管理目标,把事情办好。为此,当然要讲究用人,用人仅仅是一种手段,绝不是从事管理活动的目的。从上述多层含义中,我们可以发现,确立因事用人技术的思维轨迹,是由事到人,而不是某些管理者所习惯的由人到事。如果按照由人到事的思维轨迹来考虑问题和处理问题,势必会出现以下各种常见的用人弊端:

（1）该办的事找不到合适的人;

（2）一部分多余的人在干着多余的事;

（3）无用之才出不去,有用之才进不来;

（4）机构臃肿,人浮于事,内耗太大,效率低下;

（5）最终影响管理目标的顺利实现。

（二）扬长避短

所谓扬长避短用人技术，就是指在用人行为中，管理者应尽力发掘被使用对象的长处，扬其长而抑其短，使其充分发挥自己的人才效能，做到以一当十、人尽其才、才尽其用。

运用扬长避短用人技术，是出于这样的用人认识：凡人皆有所长，亦有所短，用其长而弃其短，则"常人"可变为"能人"；反之，用其短而弃其长，则"能人"可沦变为"常人"。唐太宗说："人不可以求备，必舍其所短，取其所长。"次年他还说："人之行能，不能兼备，朕弃其所短，取其所长。"（《资治通鉴》卷198）清代诗人顾嗣协写道："骏马能历险，力田不如牛，坚车能载重，渡河不如舟。舍长以就短，智者难为谋。生才贵适用，慎勿多苛求。"（《清诗别辕》）这些古代的人才思想，是我国的文化遗产的一部分，它对于指导今天的用人实践，仍具有十分重要的现实意义。

建立在当今科学技术飞速发展基础上的现代人才管理理论，赋予扬长避短用人技术以新的更丰富更深刻的内涵，它通常包括以下多层含义：

1.准确分析下属的所长所短然后用之：管理者对待下属，应该先看看他有什么特长，能干些什么，后看看他有什么短处，不能干些什么，然后再分配他做最合适的工作。对于多数人来说，总是优点大于缺点、长处多于不足。在对下属的多项特长进行选用时，不仅应采取自我比较的方式，择其长而用之，还应该采取横向类比的方式，将某个下属的多项特长和其他下属的多项特长进行认真比较，从中选用最具有明显优势的某一特长。采取这种选用方式，有时也许会选上某个下属的短处，但只要这种短处优于其他下属的特长，管理者就应该毫不犹豫地选用。

2.扬其所长。

（1）扬其所长，难在对特长的认定。在认定下属的特长时，传统的用人方式，总是自上而下地由管理者做出抉择。现代用人之道则讲究向被使用对象提供更多的自我抉择机会，尽可能由下属进行自我认定。当下属的自我认定和管理者对他的认定之间出现明显的认识误差，并由此而产生行为误差时，管理者应该在条件允许的情况下，积极为下属提供自己选择最能发挥特长的工作机遇。

（2）就某一用人行为而言，只要对实现管理目标有利，就应该放手让下属去展其所长，充分发挥他的聪明才智，当然，这种放手使用，是在管理者确信不会对下属失控的前提下进行的。

（3）当下属尚未意识到自己具备某一特长，但周围的群众都已经公认他具备这一特长时，管理者有责任及时提醒下属，并及时采取措施，由管理者出面"强迫"他发挥自己的特长；当下属已经意识到自己具备某一特长，并产生急于发挥自己的特长的强烈愿望时，管理者就应该积极为其提供便利条件，及时引导下属实现自我完善。这两方面，互相补充，缺一不可，构成了管理者扬下属之所长的两个重要环节。

（4）扬其所长，体现了领导者对下属的关怀、信任、挚爱和帮助，但绝不是"恩赐"。

对于那些立志高远的下属来说，当他认定自己的某一特长具有很大的发展潜力时，即使外在因素阻抑他发挥特长，他也会克服重重困难，顽强发挥自己的特长。在这种情况下，不让他扬其所长是不可能的。与其违背下属的心愿，任其曲线发展，逆境成才，不如投其所好，遂其心愿，让他直线发展，顺境成才。

（5）扬其所长，是根据管理目标的需要，以被使用对象的真才实学为依据，不应该也没有必要去看对方脑门上贴的什么标签，具有什么资历、学历和文凭，是由什么人介绍来的，更不是根据长官意志、个人好恶和群众舆论来扬下属之所长。

3. 避其所短。

（1）要正视短处，不能简单地用"减去"消除，只能暂时避开。

（2）任何单位都有少数缺点多于优点的劣才，对于这部分人管理者只有细心地看到他们的优点和长处，放手用其所长而避其所短，有时会收到变废为宝的效果，甚至意外地发现一批被误解、被遗弃、被埋没的人才。也有时候，通过扬其所长，下属的长处会得到很大发展，缺点和不足也会逐步克服，经过一段时间的量的渐变，最终实现从劣才到人才的质的转变。

（3）敢于选用下属有争议的"特长"。由于人们认识客观事物的立场、观点、方法不尽一致，认识水平和切身利益迥然不同，在对某个被使用对象的特长和特短做出评价时，势必会出现一些明显的认识误差或认识"伸缩度"。对于某些颇有个性的下属来说，否定了他的"特长"，也就等于否定了他的人才价值。

4. 特长和特短是相对而言的，甚至可以互相转化。（1）有的特长在甲环境下是长处在乙环境下却是短处；有的特短在甲环境下是短处在乙环境下却是长处。（2）在许多情况下，被使用对象的特长和特短，并非始终如一，静止不变，而是在复杂的内外因素影响下，各自呈现出明显不同的发展势头。有时候，其特长可能继续保持领先地位，还有时候，其特长进展迟缓，已成强弩之末；而其特短，却急起直追，后来居上，很快成为新的特长。

5. 浅层次的扬其所长，就是你有什么特长，我就用你什么特长，你有多少才能，我就给你压多重的担子，直到你特长衰退，才源枯竭，或年老体衰挑不起重担为止。作为一个立志高远的管理者，追求的却是更深层次的扬其所长，即对下属的特长，不仅要敢于放手使用，还要注意培养（提供知识更新的机会，不断摄取新信息，进行强化训练等）、鼓励（给予必要的物质奖励和精神奖励）、刺激（引入竞争机制，组织下属之间开展良性竞争）、扶持（帮助下属克服前进中的困难，协助攻关）、引导（根据管理的需要，随时调整特长的发展方向）……经过这一系列富有远见卓识的用人手段，下属的特长不但不会在使用中衰退，反而能在使用中得到进一步的发展和强化。这才叫真正的扬其所长！

6. 用人所长还要做到人畅其流。有时，下属的特长已经超出了管理者对他的驾驭能力，或者超出了本单位对他的接纳条件，这时候，作为一个开明的管理者，应该想道：人才绝非某个单位或部门独家所有，杰出人才属于全民族，甚至全人类。为此，管理者有责任有义务主动为杰出人才提供扬其所长的条件和机遇，让他尽快调到外单位、外地区，甚至到外国去工作。唯有这样，才不至于酿成误才、压才、害才的悲剧。

在具体运用扬长避短用人技术时，管理者通常应该着重考虑以下三个方面：

第一，下属的特长与管理者的素质之间的搭配关系，管理者往往会遇到以下四种情况：

（1）叠加关系。下属的特长与管理者的特长相同或接近，两者呈现和谐的叠加关系。遇到这种情况，管理者完全可以放心大胆地为下属寻找最能发挥其特长的合适工作，让他展其所长，放光发热。

（2）互补关系。下属的特长，恰巧是管理者的特短，两者呈现互补余缺的互补关系。遇到这样的下属，正是管理者求之不得的，管理者理应将下属放在自己身边，让他作为自己的得力助手或智囊人物。

（3）相克关系。下属的特长，尽管与管理者的特长相同或接近，但由于各种复杂的主客观原因，两者并未形成和谐的叠加关系，反而呈现出有你没我、有我没你的相克关系。只要两者共存于一个组织体之中，其中相形见绌的一方，就会感到难以显示自己的人才价值，严重影响到他的人才效能的正常发挥。解决办法：①管理者应该高姿态、积极主动地采取缓解措施，尽力促使自己和下属的相克关系朝着叠加关系的方向转化；②倘若下属的特长确实强于管理者，并且德才综合素质均佳，管理者就应该以大局为重，主动让贤；③倘若管理者的特长明显盖住下属，使下属很难发挥特长，该管理者就应该在适当的时候，征得本人同意，将下属调到更能发挥其特长的岗位上去。

（4）平行关系。下属的特长，与领导者的特长属于不同的领域，两者既不能叠加，又不能互补，就像两条互不相关的平行线一样，各自朝着一定的方向发展。对于这种情况，管理者只需为下属提供方便条件，任其充分发挥特长就是了。

第二，下属的特长与群体素质之间的搭配关系。管理者通常会面对以下三种情况：

（1）相斥关系。下属的特长对群体素质的稳定性构成了潜在的威胁，受到了群体的坚决排斥。这种情况，在政治团体和学术团体中经常会发生。遇到这种情况，管理者或者根据全局利益的需要，对群体的成员进行必要的调整，使其愿接纳某个有特长的下属，或者照顾群体的意愿，维持现有的群体素质结构的稳定性，将有特长的下属调往他处。

（2）相吸关系。下属的特长，正好是群体素质中所缺少的某一"搭配素质"，因而深受群体的欢迎，很快就被群体所吸收。看到这种情况，管理者自然皆大欢喜，求之不得。

（3）相容关系。由于群体素质不甚理想，形同一盘散沙，并且缺乏必要的活力，因而对有特长的下属，既不坚决排斥，又不热烈欢迎。倘若管理者将下属调到群体中工作，该群体也能容纳下他，反之，离了他也行。面对这种毫无生气的相容关系，管理者应该意识到，将有特长的下属放到这种惰性很强的群体中工作，对他的健康成长未必有益。除非某个下属的特长就是善于根治惰性，否则，管理者在做出用人决策之前，必须首先改变群体的素质结构，使它具备接纳有特长的下属的良好条件。

第三，下属的特长与目标管理之间的吻合程度。管理者一般会遇到以下三种情况：

（1）完全吻合。这是最理想的一种组合状况。当下属具备的特长能够满足目标管理所提出的工作任务的需要时，管理者势必能够在本单位为他找到最能扬其所长的合适岗位。

倘若一时找不到这样的合适岗位，那就意味着并非这个下属是多余的人，而是现有的机构设置不甚合理。这时候，管理者就应该根据目标管理的需要，立即果断地为这个下属增设相应的新机构。唯有这样，整个管理机器才能更和谐地运转，下属的一技之长才能更好地为实现管理目标服务。

（2）部分吻合。这是比较常见的一种组合状况。在任何单位，最急需、最受欢迎的下属毕竟只占少数，大多数人都属于能干点事，走了也无妨的一类。当下属具备的特长，只能部分满足目标管理所提出的工作任务的需要时，管理者在考虑对他的使用时，就只能部分利用他的特长，同时兼用他的短处了。这样用人，对被使用对象来说，无疑是做出了一些个人牺牲，对拥有人才资源发掘权的管理者来说，同样也付出了不可小觑的群体代价。针对这种情况，精明的管理者就必须善于掌握适当的度，使这种人才浪费控制在一定的限度内。当本单位的目标管理对人才特长的需要，已经造成对人才特长的可利用部分明显等于或小于不利用部分时，管理者就应该忍痛割爱，立即停止对这个下属的"勉强"使用，及时将他交流到更能发挥其特长的地方去。

（3）难以吻合。不管下属有多大的本事，有多高的技能，只要他不能满足目标管理的需要，这个下属在本单位就是一个多余的人。倘若管理者出于好心或碍于情面，硬要为这个下属增设一个相应的机构，那么，这个增设的机构，也是一个多余的机构。在这样的环境中工作，可想而知，下属是很难展其所长的。此时管理者只有一个解决办法，尽快将这个"多余"的下属，调到最能够发挥其特长的地方去。要知道，在甲单位是"多余的人"，到了乙单位，也许就成了最受欢迎的人。

现实生活中，扬长避短用人技术的贯彻实施，还会遇到许多意想不到的复杂情况。面对这些复杂的人和事，作为一个有胆识、有谋略的管理者必须坚持以下两条：①相据目标管理的需要选用下属的特长；②根据下属特长的发挥状况寻找最合适的岗位。只要做到这两条，就能以不变应万变，始终牢牢掌握用人的主动权。

（三）用当其时

所谓起用人才的恰当时机，应该符合以下两个条件：第一，能够最充分地利用他的最佳时期，使人才在他精力最充沛、才华最横溢的时期，为国家和人民做出尽可能多的贡献；第二，对其健康成长最为有利，能够产生激励作用，促其成长。只有在这样的时刻，大胆地、及时地将人才选拔到重要的合适的岗位上来，才算准确捕捉到了恰当时机，用当其时。起用处于最佳时期的各类人才，其用人效果是大不一样的。

有经验的管理者都有这样一个切身体会：用人行为的发展演变过程，十分复杂，尽管管理者手中掌握着看似显赫的用人大权，但在许多时候，他并不能随心所欲地使用下属。在将用人认识转变为用人行为，最终实现自己的用人目标的过程中，管理者的用人抉择，往往要受到许多内外在因素的制约和影响。有时候，错过一次用人机遇，往往意味着将有一批下属必须为此再等待若干年，甚至一辈子也没有施展才华的机遇。为此，作为一个对下属负责任的管理者，就必须十分珍惜每一次极其宝贵的用人契机，尽可能在契机降临之际，适时起用那些德才皆优、实绩卓著的优秀下属。

所谓最佳时期，目前人才学界有两种解释，一种意见认为，可以从人才的接近成熟期，或者叫基本成熟期算起，加上他的整个最佳年龄区，即成为人才一生中的最佳时期；还有一种意见认为，人才的最佳时期，实际上应该短于他的最佳年龄区，一般可以从他的基本成熟期算起，直到他的巅峰状况时期（峰值年龄）为止。按照上述两种意见，我们便可以粗略测算出一个人才的最佳时期。例如，某个人才的基本成熟期为30岁左右，他的最佳年龄区为35~51岁，他的峰值年龄为45岁，那么，他一生中的最佳时期，就是从30岁至45岁，或者从30岁至55岁。鉴于每个人才的基本成熟期、最佳年龄区和峰值年龄，各有不同，长短不一，因而在测算人才的最佳时期时，应该因人而异，区别对待。

在具体运用用当其时技术时，各级管理者应着重注意以下三点：

（1）要懂得掌握用人契机的重要性，尽力捕捉每一个稍纵即逝的用人机遇，充分利用。用人机遇，并不是随时都有，更不会反复出现，有时候，对于某些人才来说，也许一生中只会遇到一次。倘若管理者不懂得掌握用人契机的重要性，不会捕捉稍纵即逝的用人机遇，就很难避免酿成贻误人才、浪费人才的用人悲剧。

（2）要适时摘取接近成熟或刚刚成熟的苹果，最大限度地利用每个人才的最佳时期。既然每个人才的最佳时期都是有一定期限的，那么，适时摘取接近成熟或刚刚成熟的苹果和过时摘取已经熟透变烂的苹果，两者相比，哪个获取的社会效益和经济效益高，这笔账是不难计算的。为此，管理者在用人行为中，就应该有意识地强化自己的适时起用意识，坚决抛弃一切求全责备、长期考验、求稳怕乱、论资排辈的陈腐用人观点，大胆起用那些锐意进取、勇于开拓的中青年优秀人才。

（3）人才拥有的知识、技术、能力是有时效性的，要及时使用，过期它就失去了优势或使用价值。

（4）要建立健全一整套适时起用各类人才的制度，为各类人才的健康成长提供更多的条件和机遇。在用人实践中，单靠少数开明的管理者一味被动地捕捉机遇，适时起用人才，固然能够发掘一部分人才资源，但这显然是远远不够的。为了从根本上消除贻误人才、浪费人才的不良现象，各级管理者还必须根据本地区、本单位的实际情况，尽快建立健全一整套适时起用各类人才的制度，从而主动地为各类人才提供更多的成才条件和成才机遇。唯有这样，用当其时技术才能在用人行为中得到始终如一的、畅通无阻的贯彻实施。

（四）优化配置

优化配置用人技术是指在一个群体结构中进行人才配备时，各人才因子之间必须考虑才能、知识、性格、年龄、性别等相互补充的作用，以及人才配置的密度、时间、结构和形式，以提高整个人才结构的整体效能。这样的人才结构，在科学上常需熟知用人之道的管理者，使各个人才因子各得其位、各展其能，从而和谐地组织在一个"大型乐队"之中。国外的研究认为，一个经理班子中，应有一个直觉型的人作为天才军师，有一个思考型的人设计和监督管理规程，有一个情感型的人提供联络和培养职员的责任感，最好还有一名冲动型的人实施某些短期的任务。这种互补律得到的标准和结果是整体大于部分之和，从而实现人才群体的效能最优化，用人时不能不认识到这一点。

1. 用人的互补律。

（1）才能互补。一个群体结构中特别是一个管理班子成员之间，既要有帅才还要有将才，既要有出谋划策的、实干型的，还要有擅长外交的人才相互配合，相得益彰。

（2）知识互补。一个群体结构中既要有学文科的、学经济的、学法律的，又要有学理科的、学工科的，还要有懂艺术擅长体育活动。

（3）个性互补。在任何一个人才结构里，人才因子之间都存在着个性差异，气质、性格各有不同。例如，有的脾气急，有的脾气缓，有的做事精细、耐心，有的做事麻利、迅速。这些不同的个性特征，都可以从不同角度对工作发挥积极作用。如果全都是一种性格、一种气质，反而不利于把工作做好。例如，全是急脾气的人在一起，就容易发生争吵、纠纷。一般而论，人才都有着极明显的个性特征，如果抹杀了他们的个性特征，也就抹杀了人才，只有把他们组织在一个具有互补作用的人才结构中，才能充分发挥他们的巨大作用。

（4）年龄互补。老年人、青年人、中年人都各有特长和短处。这无论从人的生理解剖特点还是从成才有利因素来讲，都是如此。因此，一个好的人才结构，需要有老中青相结合的人才年龄结构，以使得这个人才结构保持人才的连续性、后继有人，既开拓创新又能处事稳妥，充满活力和战斗力。

2. 配置的要素

优化配置的用人之道在现代企业管理中占有重要的地位。组织规模越大，越需要在其人才结构中体现这一原则。单一地使用人才，往往不及人才群体配置、协同使用效果迅速显著。

（1）配置密度。在某一单位、某一部门里，同类人才的配置数量，究竟应该控制在一个怎样的限度内，才称得上适量？配置多了容易造成人才过剩、人才浪费；配置少了又会出现势能偏低，火力不足。唯有配置适量，才能使人才资源得到最充分的利用和开发。

（2）配置时间。任何人才群体，都不可能在任何时间内都保持一成不变的配置常量。它必须根据工作任务的完成情况，随着潮涨潮落的发展变化，不断调整人才配置的形式和数量。配置早了，工作尚未进入高潮，多数人员闲着没事可干；配置晚了，工作又早已步入高潮，容易导致人少事多、难以招架的被动局面。为此，必须选择最恰当的时间，将优势兵力集中起来，才能打一场精彩漂亮的歼灭仗。一旦发现退潮现象，就立刻将其中一部分多余的人才抽出来，重新配置到另外一个正处于工作高潮的岗位上去加强火力。

（3）配置结构。人才配置，必须讲究一定的结构。一是门类要齐全，既要有技术人才，又要有管理人才；既要有知识面广的通才，又要有知识精深的专才。二是比例要合理，各种能级的人才,按照高、中、低三个层次的搭配比例,可以是1∶3∶5,也是可以1∶5∶9,总之,应以融洽、协调、顺手为原则。三是机制要健全,促使人才之间产生良好的互补共振效应和激发良性竞争的心态环境。

参考文献

1. 杨蓉. 人力资源管理 [M]. 大连：东北财经大学出版社，2001、2005.
2. 廖泉文. 人力资源管理 [M]. 北京：高等教育出版社，2003.
3. 孙健敏. 人力资源管理 [M]. 北京：高等教育出版社，2000、2004.
4. 邱庆剑. 人力资源管理工具箱 [M]. 北京：机械工业出版社，2005.
5. 林泽炎. 3P模式：中国企业人力资源管理操作方案 [M]. 北京：中信出版社，2000.
6. 南兆旭. 新财富频道：DIY概念·国际化企业管理制度 [M]. 北京：京华出版社，2002.
7. 劳动和社会保障部等. 国家职业资格培训教程. 企业人力资源管理 [M]. 北京：中国劳动社会保障出版社，2002、2006.
8. 李品媛. 管理学 [M]. 大连：东北财经大学出版社，2005.
9. 单凤儒. 管理学基础 [M]. 北京：高等教育出版社，2000.
10. 刘锦山. 人才测评谋略 [M]. 北京：中华工商联合出版社，2001.
11. 孙彤. 组织行为学 [M]. 北京：高等教育出版社，2000.
12. 顾海根. 人员测评 [M]. 合肥：中国科学技术大学出版社，2005.
13. [美] 史蒂文·克尔. 薪酬与激励 [M]. 北京：机械工业出版社，2005.
14. 吴甘霖. 心本管理：管理学的第三次革命 [M]. 北京：机械工业出版社，2006.
15. 彦博. 激励员工的艺术 [M]. 北京：中国商业出版社，2006.
16. 黄培伦. 组织行为学 [M]. 广州：华南理工大学出版社，2001.
17. 陈永秀. 坚持德才兼备标准识人用人 [J]. 萍乡高等专科学校学报，1999(2).
18. 王元瑞. 用人谋略与权术 [M]. 石家庄：河北人民出版社，1991.
19. 余凯成、程文文等. 人力资源管理 [M]. 大连：大连理工出版社，1999.
20、张德. 人力资源管理 [M]. 北京：企业管理出版社，2002.
21. 吴国存、李新建. 人力资源开发与管理概述 [M]. 天津：南开大学出版社，2002.
22. 赵曼. 人力资源开发与管理 [M]. 北京：国中劳动社会保障出版社，2002.
23. 张德. 人力资源开发与管理案例精选 [M]. 北京：清华大学出版社，2002.
24. 黄维德、董临萍. 人力资源管理 [M]. 北京：高等教育出版社
25. 戴昌钧、许为昆. 人力资源管理 [M]. 天津：南开大学出版社
26. 金延平. 人力资源管理 [M]. 大连：东北财经大学出版社，2003.

27. 加里·德思勒. 人力资源管理 [M]. 北京：中国人民大学出版社，2005.

28. 孙建敏. 人力资源管理 [M]. 北京：北京大学出版社，2005.

29. 博锐管理在线网，人力资源管理 http://ebook.globrand.com/managebook/hr/dir.htm

30. 李时平. 论绩效管理 [J]. 航空工业经济研究，2006(3).

31. 赵秀国. 基于团队绩效管理的几点思考 [J]. 华北电力大学学报（社会科学版），2007(2).

32. 杨会先. 对企业人力资源管理的几点思考 [J]. 北京物资流通，2006(2).

33. 董克用. 人力资源概论 [M]. 北京：中国人民大学出版社，2003.

34. 罗辉、孙宗虎. 人力资源管理操作 [M]. 北京：人民邮电出版社，2009(12).